Inhalt

Übersichtskarte	4
Vorwort von Jürgen Büssow	6
Einleitung	7

I. Rundwanderungen

1. Börlinghausen: An der jungen Wipper und im Forst Gervershagen	10
2. Gimborn: Durch die Wälder des Freiherrn von Fürstenberg	14
3. Hückeswagen: Rund um die Wupper-Vorsperre	16
4. Wuppertalsperre	20
5. Dabringhausen: Im Linnefe- und Eifgental	24
6. Burscheid: Zur Eifgenburg	28
7. Wuppertal-Beyenburg: Wanderung in drei Regierungsbezirken	32
8. Wuppertal Süd: Rund um den Scharpenacker	36
9. Wuppertal-Kohlfurth: Viele Bachläufe sind zu queren	40
10. Solingen-Gräfrath: Historischer Ort und Kaffeetafel	44
11. Solingen Süd (Rüden): Kottenwanderung	50
12. Müngstener Brücke: Stählerner Gigant	54
13. Remscheid: Über den historischen Industriegeschichtspfad im Gelpetal	56
14. Leichlingen: Durch die Bergische Obstkammer	60

II. Wochenendtouren

15. Wipperfürth: Rund um die Neyetalsperre	70
Zur Bevertalsperre	74
16. Dhünn: Wanderungen um die Vorsperren der „Kleinen" und „Großen Dhünn"	76
17. Wuppertal-Nord: Zum Hilgenpütt	84
Felderbach und Deilbach	89
18. Haan-Gruiten: Durch Gruiten-Dorf ins Düsseltal	92
Entlang der Kleinen Düssel und durch Dolinengebiet	98
19. Solingen-Burg: Rund um die Sengbachtalsperre	100
Unterburg, Wupper und Eschbach	106
20. Langenfeld: Wir umwandern Wiescheid	112
Durch die Sandberge	117
21. Altenberg: Im Tal der Dhünn	118
Rund um den Backesberg	123

Register	124
Quellenverzeichnis, Bildnachweis	125

4 Übersichtskarte

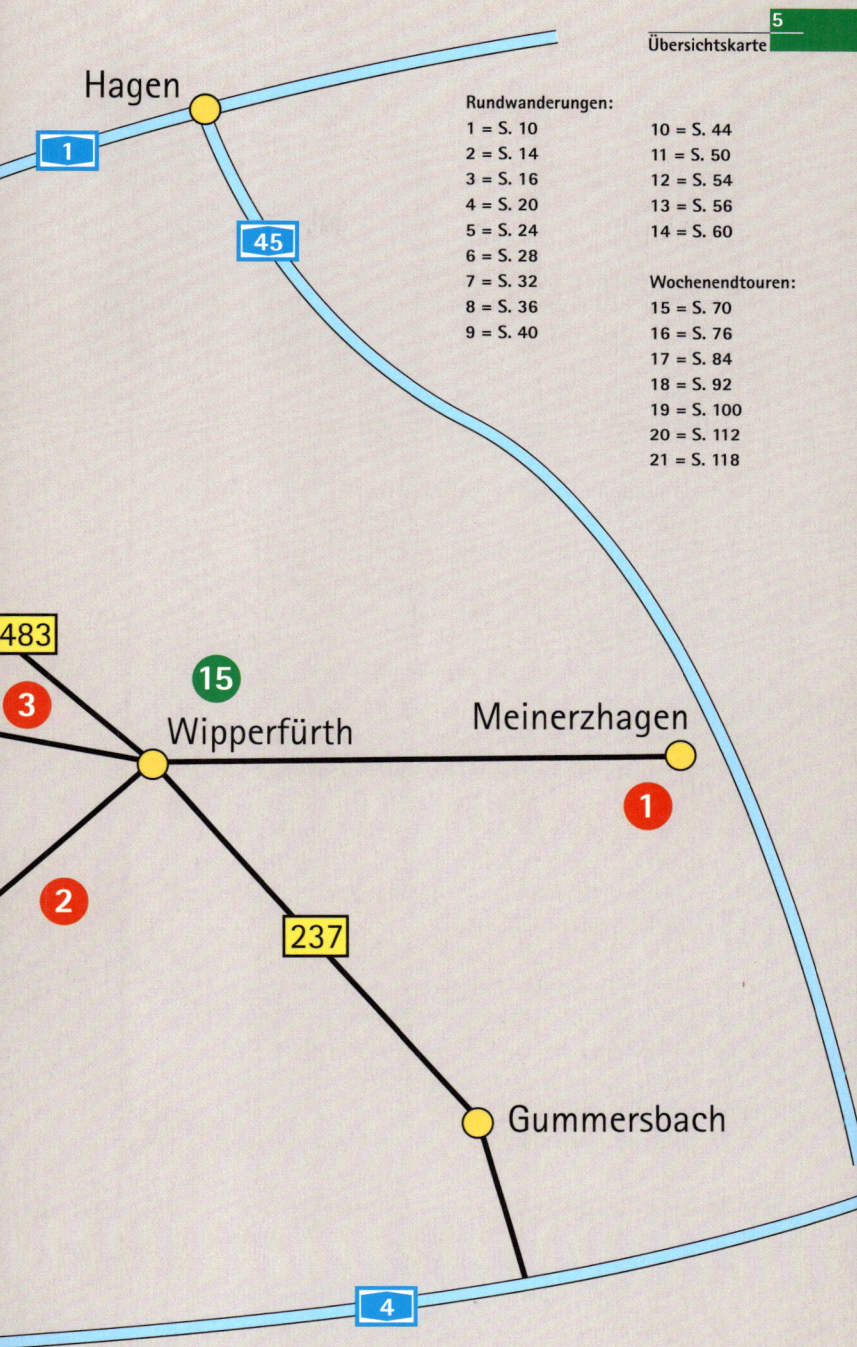

Vorwort

Liebe Wanderinnen, lieber Wanderer,

mit diesem Buch „Wandern und mehr. Unterwegs im Bergischen" wird anschaulich beschrieben, welches Freizeit- und Erholungspotenzial mit unschätzbarem Wert unsere Region zwischen Rhein und Ruhr bietet.

Gerade hier ist es gelungen, das Wandern als alte Tradition in die neuen Freizeitangebote einzubinden und die regionale Kultur vergangener Zeiten zu integrieren.

Das Bergische erstaunt nicht mit gewaltigen Bergen und tiefen Schluchten, sondern durch seinen Reichtum an Wäldern, Wiesen, Weiden und Ackergebieten. Zahlreiche Vogelarten, Rehwild und Hasen steigern für den Wanderer den Erholungswert. Die vielen Talsperren und Seen dienen als Wasserspeicher der Region und bieten eine malerische Peripherie. Die Landschaftsbilder vom Niederbergischen bis zum Oberbergischen sind nicht nur durch Fürstenhäuser, Schlösser und Burgen geprägt, sondern vielmehr durch die Wohnhäuser der Bauern und Bürger. In den Ortschaften findet man überall, bis in die Städte hinein, das Schwarz der Schieferverkleidungen und die Fachwerkbalken der Wohnhäuser; ein markantes Merkmal des bergischen Baustils.

Der Wanderer findet im Bergischen variantenreiche Wanderstrecken und dies direkt vor der Haustür. Ausgezeichnete Verkehrsanbindungen, Übernachtungsmöglichkeiten aller Kategorien und zahlreiche gastronomische Einkehrmöglichkeiten mit wechselnder regionaler Küche erlauben Tourenplanungen vom Tagesausflug bis hin zum längeren Wanderurlaub.

Als passionierter Wanderer haben mich meine Wege schon oft durch das Bergische geführt. Diese Region ist für Wanderer eine gute Adresse, die ich gerne weiterempfehle.

Jürgen Büssow
Regierungspräsident Düsseldorf

Einleitung

Wandern und mehr, das bieten das Bergische Land und dieses Buch, in dem Rundwanderungen zusammengestellt sind, die an jeder Stelle des beschriebenen Wanderweges begonnen oder beendet werden können. Und sie werden im Land der Rundungen nie zur Mühsal.

Auch gibt es viele gute Gründe, einmal ein Wochenende in der Region an Rhein, Ruhr und Wupper zu verbringen: Zum Wandern, Erleben und Genießen. Denn nicht nur die Sehenswürdigkeiten sind vielfältig, auch die Übernachtungsmöglichkeiten. Die Hinweise im Buch sind lediglich als Empfehlung gedacht.

Da Wandern bekanntlich hungrig macht, sollte man auf keinen Fall versäumen, die deftige bergische Küche zu probieren: seien es die berühmte Kaffeetafel oder der Pillekoken. Und im Rucksack könnte neben Obst und Getränken auch eine herzhafte Kottenbutter (s. Seite 52) dabei sein.

Ich wünsche Ihnen stets einen guten Weg und viel Spaß beim Wandern im Bergischen Land. Zu guter Letzt danke ich allen, die mir bei der Erstellung des Buches behilflich waren.

Hilden, April 2001
Günter Hammermann

Wanderzeichen
- HWW = Hauptwanderweg (z. B. HWW X 7).
- BZW jeweils mit einer Raute und einer Zahl versehen = Bezirkswanderweg.
- Hinzu kommen noch Abteilungswanderwege, die mit Dreiecken, Rechtecken oder Balken gekennzeichnet sind.
- A mit Ziffern = örtliche Wanderwege.

Zu empfehlen sind topographische Karten (Ausgabe mit Wanderwegen) im Maßstab 1:50.000 oder 1:25.000 des Landesvermessungsamtes NRW in Bonn-Bad Godesberg. Sie sind in Zusammenarbeit mit dem Sauerländischen Gebirgsverein entstanden.

Fahrplanauskünfte ÖPNV
- VRR (Verkehrsverbund Rhein-Ruhr)
  ☎ 01 80-3 00 20 00

- VRS (Verkehrsverbund Rhein-Sieg)
  ☎ 01 80-3 50 40 30

Tipps und Informationen

Bergisches Land Touristik GmbH & Co. KG.
Hauptstraße 47–51
51465 Bergisch-Gladbach
Tel. 0 22 02-29 36-14/15
Fax 0 22 02-20 36 36
www.b-l-t.de
info@b-l-t.de

Touristik-Verband Oberbergisches Land e.V.
Moltkestraße 34
51643 Gummersbach
Tel. 0 22 61-88 69 09
Fax 0 22 61-88 18 88
www.bergischesland.de
naturpark@bergischesland.de

I. Rundwanderungen

1. Börlinghausen: An der jungen Wipper und im Forst Gervershagen

Von der Gaststätte „Zur Wupperquelle" wandern wir bergab, halten uns an der nächsten Einmündung rechts und überqueren wenig später die Gleise der Bahnlinie Marienheide-Meinerzhagen. Hinter dem Bahnkörper geht es nach rechts über die Straße Am Löchen. Wir folgen den Wanderzeichen **N** und **W**. Bald kommt der Wechsel vom Asphaltbelag auf einen schönen Wanderweg. Er führt an einer Weide vorbei und nach kurzer Zeit wird die Bahntrasse nochmals überquert. Kurz vor Holzwipper ist die von Börlinghausen kommende Straße erreicht, der nach links gefolgt wird. Die junge Wipper ist jetzt rechts.

Die Schnellstraße (L 306), die von Müllenbach nach Meinerzhagen führt, muss überquert werden und nach nur wenigen Metern geht's nach links und unmittelbar vor der Bahnüberführung dem **N** folgend nach rechts. Eine Straße für Schwerlastfahrzeuge durchschneidet den Wald. Hinter dieser Straße überqueren wir wieder einmal die Bahnlinie nach links und folgen auf der anderen Seite weiterhin dem Zeichen **N**. Der Wanderweg verläuft bergauf und -ab, ist hin und wieder Hohlweg und führt durch einen jungen Nadelwald. Wir erreichen den **HWW X 3** des SGV (Hagen-Biedenkopf, Talsperrenweg) und sehen links die Mauer der Bruchertalsperre.

> Diese Talsperre wurde 1914 als Brauchwassersperre in Betrieb genommen, wird heute vom Wupperverband betreut und staut 3,34 Mio. m^3 Wasser auf. Interessant ist, dass die Bruchertalsperre u.a. durch eine Rohrleitung von der Wipper gespeist wird.

Nun wird über den **X 3** weiter gewandert, zunächst an der kleinen Talsperre entlang. Auf der anderen Seite liegt die Ortschaft Stülinghausen und vor uns die Bebauung von Rodt. Nach der Umrundung eines Seitenarmes wird die Talsperre verlassen; es geht in den Forst Gervershagen hinein. Der Weg, der stetig ansteigt, führt am Forsthaus Gervershagen vorbei zur Landstraße 306.

Von der B 237 aus Richtung Remscheid, Wipperfürth kommend in Richtung Linge, Holzwipper abbiegen (man erreicht dann das Quellgebiet der Wipper).
Von Meinerzhagen den Hinweisen nach Müllenbach/Marienheide folgen.
Parkplatz: In Börlinghausen

Gaststätte „Zur Wupperquelle"

Wanderstrecke: 12 km = ca. 4 Std.
Wanderzeichen: N, X 3, A 6

1. Börlinghausen

▸ Der 400 ha große Forst Gervershagen gehört zur Graf Spee'schen Forstverwaltung in Düsseldorf.
In dem Forst lebt Schwarz- und Rehwild. Manchmal kann der Eisvogel beobachtet werden. Auf der Bruchertalsperre sind neben den Haubentauchern im Herbst und Winter seltene Entenarten anzutreffen, z.B. die Reiher- und die Brandente.

Auf der gegenüberliegenden Straßenseite geht es weiter bergauf. Der örtliche Wanderweg **A 5** verlässt den **HWWW X 30** nach links. Wenn der Wald zurückbleibt, kann man einen herrlichen Ausblick über das Oberbergische Land genießen. Fast 100 m höher als die Bruchertalsperre ist der erreichte Aussichtspunkt. Vor uns liegt die Ortschaft Dannenberg, dahinter erhebt sich der Unnenberg, der höchste Berg in dieser Gegend. Kurz hinter dem Aussichtspunkt verlassen wir den **HWW X 30** nach links und wandern über den örtlichen Wanderweg **A 6** zurück in den Forst. Es geht abwärts, die Straße von Börlinghausen nach Dannenberg wird gequert, vorbei an einem Parkplatz und schon ist links Börlinghausen zu sehen. Deutlich ist das Naturschutzgebiet Wipperquelle auszumachen. Entlang am Waldrand sind schnell die ersten Häusern des Ortes erreicht und damit auch der Ausgangspunkt dieser Wanderung.

2. Gimborn: Durch die Wälder des Freiherrn von Fürstenberg

Viele Wanderwege haben am Schlosshotel ihren Ausgangspunkt, so die örtlichen Wanderwege A 1-4. Der HWW X 9 (Dortmund-Siebengebirge) läuft hier entlang und der Verbindungsweg ^8, der die HWW X 9 und X 19 miteinander verbindet.

Die örtlichen Wanderwege können auf der Höhe (z.B. am Kümmeler Kreuz oder Grünewald) miteinander verbunden werden, so dass ein Wanderweg entsteht, dessen Bewältigung mehrere Stunden in Anspruch nimmt. Dabei wird man im Westen, Norden und Osten um Gimborn geführt.

Der Wanderweg **A 1** führt zunächst zur Kirche, danach an Häusern vorbei, die aus heimischer Grauwacke gemauert sind. Bald ist der Wald erreicht, in dem es nach kurzer Zeit nach links abwärts geht, fast bis in den Talgrund des Gimbaches. Dort wird nach rechts weiter gewandert und etwas oberhalb des Leppebaches entlang bis in einen Siepen (= Tal oder Einschnitt) hinein. Der Weg, der in die Flur An der Leyen führt, steigt leicht an. Von links kommt der Lindlarer Rundwanderweg (L).

> Es empfiehlt sich, hier einen kurzen Abstecher nach links bis zur Hofschaft und zur Ruine Eibach zu machen. Im 14. Jahrhundert wurde hier eine Wasserburg gegründet, die 1782 ausbrannte. Die noch zu sehenden Ruinen wurden vor einigen Jahren restauriert. Am besten erhalten ist der Rundturm im Südosten.

Nun geht es wieder über den L-Weg zurück und nach links aufwärts weiter. Der Weg steigt langsam aber stetig an, führt wieder durch einen Siepen, durch den ein kleiner Bach fließt, und bringt den Wanderer auf die Höhe.

> Von hier kann ein Abstecher nach links zur Ruine Neuenberg, einer mittelalterlichen Höhenburg, gemacht werden. Reste der wahrscheinlich im 13. Jahrhundert gebauten Burg liegen mitten im Wald.

🚗 Aus Richtung Marienheide (B 237) oder Engelskirchen (B 55, A 4) durch das Leppetal, dann dem Hinweis nach Gimborn (IBZ Schloss Gimborn) folgen. Parkplatz: Am Schlosshotel

⭐ Schloss Gimborn

🍴 Schlosshotel (es empfiehlt sich, vorher anzurufen: Tel. 0 22 64-10 50)

🥾 Wanderstrecke: 10 km = ca. 3 Std. Wanderzeichen: A 1

Schloss Gimborn befindet sich seit 1874 im Familienbesitz derer von Fürstenberg. 1969 wurde das Schloss vom Informations- und Bildungszentrum (IBZ), eine Einrichtung der International Police Association (IPS), gepachtet und 1972 eröffnet. Heute ist das IBZ internationale Begegnungstätte für Polizeiangehörige aus aller Welt. ●

Auf dem Wanderweg zurück, folgt man dem **A 1** nach links bis zu der Asphaltstraße, die nach rechts bis zur Hofschaft Oberlichtinghagen zu benutzen ist. Dort trifft man wieder mit dem Ⓛ zusammen und wandert über den **A 1** nach rechts weiter durch einen Bauernhof hindurch. Unterhalb des Steinberges führt der Weg zum Kümmeler Kreuz. Vorher biegt der Lindlarer Rundwanderweg nach rechts ab. Am Kümmeler Kreuz verläuft der Verbindungsweg ^8 nach rechts und links, der örtliche Wanderweg **A 2** geradeaus. Hier ist einer der erwähnten Verknüpfungspunkte erreicht. Der Wanderweg **A 1** führt nach rechts und schnell ist das Forsthaus Kümmel in Sicht.

Durch den schönen Waldbestand abwärts wandernd ist schnell das Schlosshotel erreicht. Bei einem guten Essen und einem Glas Wein kann man die Wanderung Revue passieren lassen.

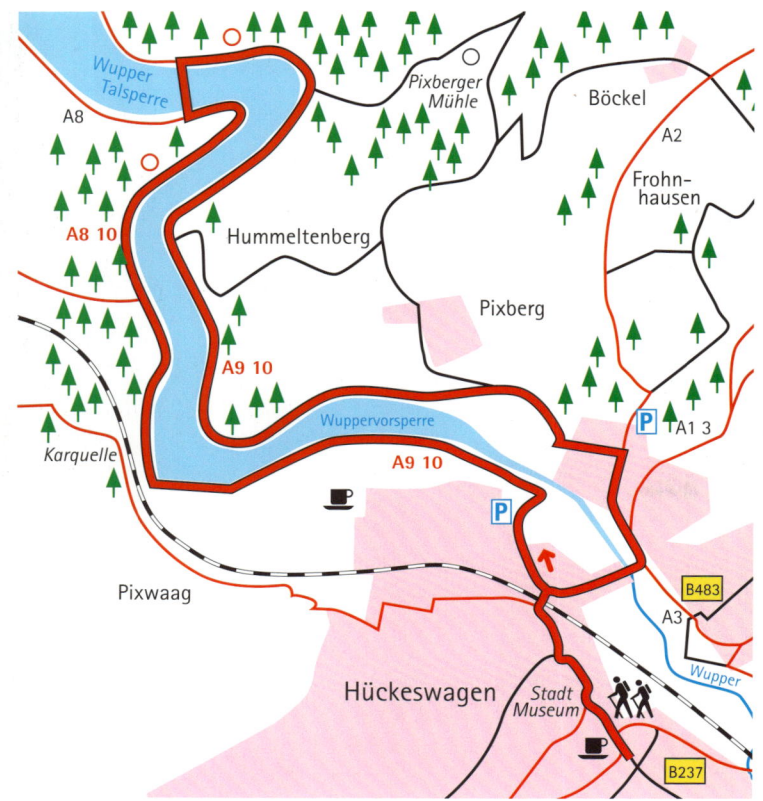

3. Hückeswagen: Rund um die Wupper-Vorsperre

Vom Parkplatz sind es nur wenige Minuten bis zum Bahnhofsvorplatz, dem Etapler Platz. Durch die Bahnhofstraße geht es nach rechts und wenig später an der großen Kreuzung wieder nach rechts in die Rader Straße hinein. Die Bahnanlagen werden gequert, dann nach links in den Mühlenweg einbiegen.

Aus Richtung Remscheid oder Gummersbach über die B 237.
Parkplatz: In der Nähe des Bahnhofes

Von Wermelskirchen mit Buslinie 261, von Gummersbach oder Remscheid-Lennep mit Buslinie 336 und von Köln-Mülheim oder Bergisch-Gladbach mit Buslinie 434

Altstadt und Schloss

Café „Zur Post" (Mi Ruhetag)

Wanderstrecke: 7 km = ca. 2 Std.
Wanderzeichen: A 9/A 10, ○ ▭

Hückeswagen, dessen Schloss im 12. Jahrhundert als Burg des Grafen von Hückeswagen erbaut wurde, hat ein malerisches Stadtbild: Der Schlossgarten, das Heimatmuseum im Palais der früheren Burg, die typisch Bergischen Gebäude mit ihren Haustüren aus verschiedenen Stilepochen sind sehenswert. ●

Wanderwege rund um die Stadt

Der Rundwanderweg Hückeswagen ist 15 km lang, gut ausgezeichnet und an vielen Stellen mit Informationstafeln versehen.

Auch ein Radwanderweg um die Wuppersperre (21 km Länge) wird angeboten. ●

> Die Straßennamen lassen erkennen, dass hier früher die Textilindustrie „Zuhause" war. Ironie des Schicksals: Das Corneliustal mit seinen Industriedenkmälern ist dem Wasser gewichen, das in früheren Zeiten mit seiner Kraft das Arbeiten in der Textilindustrie ermöglichte.

Nach rechts wird über den Corneliusweg weiter gewandert bis zum Gruppenklärwerk Hückeswagen. Bald ist die Wupper und damit die Wupper-Vorsperre erreicht. Nach links, über den Wanderweg **A 9** und **A 10**, geht es weiter, vorbei an den ausgedehnten Kläranlagen. Der kurze Anstieg nach rechts über einen Betriebsweg führt zum Rundwanderweg Hückeswagen und dem örtlichen Wanderweg **A 8**.

3. Hückeswagen

Auf der gegenüberliegenden Bergseite liegt die Hofschaft Hummeltenberg und schon bald steht man am Stauwehr der Vorsperre. Der Weg führt über den Damm, dann geht es auf dem anderen Ufer nach rechts weiter. Hier nun ist der Weg zusätzlich mit einem (weißen) ▭ (Abteilungswanderweg) markiert. Er führt am Ufer entlang und unterhalb der Hofschaft Pixberg beginnt ein leichter Anstieg. Bald jedoch wird wieder ins Tal gewandert, wo man auf den örtlichen Wanderweg **A 2** stößt. Nach rechts geht es durch Neuhückeswagen weiter. Unterhalb des Krankenhauses kommt der Wanderweg **A 3** aus dem Frohnhauser Tal. An der Bundesstraße 483 zeigt das Wanderzeichen nach rechts. Nun ist nur noch die Brücke über die Bahnanlagen zu queren, dann nach links und wenig später ist der Ausgangspunkt dieser Wanderung am Bahnhofsvorplatz erreicht.

Erholen und stärken kann man sich im Café „Zur Post", das an der B 237 liegt und in dem feinstes Meißner Porzellan bewundert werden kann. Ein Gang durch die höher gelegene Altstadt ist als „Sahnehäubchen" sehr zu empfehlen. ●

3. Hückeswagen

4. Wuppertalsperre

Vor dem Landgasthof verlaufen der **HWW X 7** des SGV (Düsseldorf-Gerresheim-Arnsberg/Residenzenweg – 157 km) und der BZW mit der ◊ **8** (Köln-Höhenhaus-Radevormwald – 57 km). Diesen Wanderzeichen folgt man direkt neben dem Landgasthof bergauf. Nach wenigen Minuten wird eine schmale Asphaltstraße überquert. Links rückt nun der zu Radevormwald gehörende Stadtteil Heide ins Blickfeld. Der Weg führt aufwärts durch ein kleines Bachtal in die Hofschaft Berg. Nachdem sie durchwandert ist, kann man links den Ortsteil Honsberg sehen. Etwa 200 m vor dem Ortseingangsschild von Heide geht es nach rechts zwischen den Feldern weiter. Links ist schon die Randbebauung von Radevormwald zu sehen. Dann führt der Weg abwärts in das nächste Tal. In mittlerer Höhe wird der Talkessel durchwandert, ein kleiner Bach, dem wir abwärts folgen, wird gequert. Im Tal trifft man auf einen Arm der Wiebachvorsperre, und hier läuft der HWW **X 7** nach links. Am Seitenarm der Vorsperre entlang geht es weiter bis zum Damm, der überquert werden muss. Hier trifft man auf die neuen Wanderzeichen **A 10** und ein ▭. Der Weg führt nun an der Wuppertalsperre entlang. Immer wieder ergeben sich neue Aussichten. Links liegt der Mastberg und schon bald ist die Hofschaft Karrenstein erreicht. Eine leichte Steigung ist zu überwinden, dann wird der Ketzer Bach etwas oberhalb von Niederhombrechen überquert und schon wandert man wieder abwärts der Talsperre entgegen.

🚗 Von der B 51 zwischen Remscheid-Lennep und Wermelskirchen in Richtung Engelsburg, Radevormwald abbiegen.
In Radevormwald in Richtung Engelsburg, Bergisch-Born abbiegen.
Parkplatz: Gegenüber dem Landgasthofs „Heidersteg"

⭐ Friedenskapelle und Ehrenfriedhof in Voßhagen

🏠 Landgasthof „Heidersteg"

🚶 Wanderstrecke: 13 km = ca. 4 Std.
Wanderzeichen: X 7, A 10, A 8, A 7, =, ◊ 8

4. Wuppertalsperre

> 1974 wurde mit dem Bau der Wupper-Vorsperre begonnen, in den Jahren 1982-1987 wurden die Hauptsperre und weitere vier Vorsperren erstellt. Am 11.11.1987 wurde das Aufstauen des Wassers eingeleitet. Mit dem Bau und der Inbetriebnahme einer gingen auch landschaftspflegerische und -schützende Maßnahmen. Feuchtbiotope wurden angelegt, Streuwiesen entstanden und Laubwälder wurden aufgeforstet. ●

Man folgt weiter den Wanderzeichen, die unmittelbar an der Talsperre entlang führen. Nach etwa einem Kilometer ist das Stauwehr der Wuppervorsperre erreicht und wird überquert. Das Wasser fällt um ungefähr drei Meter in die davor liegende Wuppersperre. Ist die Talsperre einmal gänzlich gefüllt, staut sich der Fluss weit über Hückeswagen hinaus.

Auf der anderen Seite trifft man auf den örtlichen Wanderweg **A 8** und folgt diesem nach rechts. Leider ist der Wanderweg nun eine asphaltierte Straße. Sie steigt leicht an, und bald kann man auf die Talsperre, die in das sanfte Hügelland eingebettet ist, herabsehen.

Rechts des Weges wurde ein Biotop angelegt. Bald darauf wandert man in ein Waldstück hinein, passiert eine Lichtung, die Hochspannungsleitungen als Trasse dient, und sieht tief unten die Wuppersperre. Weiter bergauf wurde ein Parkplatz angelegt, und hier muss nach links abgebogen werden, um über die Straße, die von Steffenshagen nach Dürhagen führt, weiter zu wandern. In der nächsten Kurve geht es nach rechts und man folgt dem örtlichen Wanderzeichen **A 7** und den Hinweisen „Voßhagen" und „Russischer Ehrenfriedhof". Auf dem Weg nach Voßhagen kann ein wunderschöner Blick über das Bergisch-Märkische Land genossen werden. Links liegt, hinter hohen Hecken versteckt, der Hof Voßhagen.

> ▸ **Die rechts am Wege liegende Friedenskapelle ist ein Künstlerrefugium und ein architektonisches Kleinod. Die ökumenischen Friedensgebete von Voßhagen werden mehr und mehr Bindeglied zwischen den Konfessionen. Unterhalten wird das Kirchlein vom Freundeskreis Friedenskapelle Voßhagen e.V.**

> ▸ **Auf dem Russischen Ehrenfriedhof haben 44 Angehörige sowjetrussischer Staaten, die in den Wirren des Zweiten Weltkrieges Opfer einer Fieber-Epidemie wurden, ihre letzte Ruhestätte gefunden. Die Namen der Toten sind einer Tafel am Rande der Gräber zu entnehmen. Ein mächtiger Granitblock scheint die Gräber zu bewachen. Eine Sitzgruppe, als Tisch ein ausgedienter Mühlstein, lädt zur nachdenklichen Rast ein.**

4. Wuppertalsperre

Von Voßhagen aus ist es möglich, in das Wiebachtal hinein zu schauen, die Wiebach-Vorsperre jedoch entzieht sich den Blicken. Nun geht es wieder bergab und an einem Wildgehege vorbei. Schöner Mischwald wird durchwandert. Wieder einmal zieht eine Hochspannungsleitung über das Land, und die Trasse ermöglicht uns einen Blick auf die Dörpe-Vorsperre. Der Weg schlängelt sich in Serpentinen nach unten, und bald ist die Vorsperre erreicht.

Geradeaus geht es in ein Schongebiet. In diesem Gebiet liegt der Biel- oder Bilstein, eine ehemalige Ringwallanlage. Rechts liegt der Neue Hammerstein mit der Bildungsstätte der „Lebenshilfe für geistig Behinderte", links glätten sich die Wogen über der versunkenen uralten Ortschaft Krähwinklerbrücke.

Nach links muss weiter gewandert und das Wehr überquert werden. Ein neues Wanderzeichen hat sich eingestellt, und zwar =. Ein Vorsprung, der passiert wird, bietet einen guten Blick über die Talsperre. Hier befindet man sich über ehemaligem Bahngelände, denn hier verliefen die Gleise der Strecke Wuppertal-Radevormwald. Hinter dem Vorsprung „öffnet" sich das Tal ein wenig, der Wanderweg führt durch den ehemaligen Bahnhofsbereich Krähwinklerbrücke. Heute liegen hier an Bootsanlegern viele Segelboote. Wassersportvereine und die DLRG haben sich in den links stehenden Häusern eingerichtet. Die L 412 überspannt die Sperre, die neue Kirche duckt sich an den Berghang auf der anderen Straßenseite.

An der Anruf-Sammel-Taxi-Haltestelle „Krähwinklerbrücke" des VRR geht es nach rechts weiter über die schön geschwungene Brücke und entlang der Landstraße. Als Wanderzeichen dient jetzt die ◊ des Bezirkswanderweges **8**. Von der Brücke aus kann man sehen, wo die „alte" Straße in den Fluten verschwindet. Rechts im Waldstück liegt der Erholungspark Krähwinkel. In der Hofschaft Heidersteg ist der Ausgangspunkt dieser Wanderung erreicht.

Den Landgasthof „Heidersteg" zeichnet nicht nur eine gute Küche, sondern auch ein gutes Preis-/Leistungsverhältnis aus.
● **Öffnungszeiten: Di–So 11–23.30 Uhr, Mo Ruhetag.**

Krähwinklerbrücke

Die alte Kirche, ein Hotel und ein Fachwerkhaus mussten den Fluten der Sperre weichen. Auf den Neubau des Hotels wurde verzichtet, das Fachwerkhaus wurde im Freilichtmuseum Lindlar wieder aufgebaut. ●

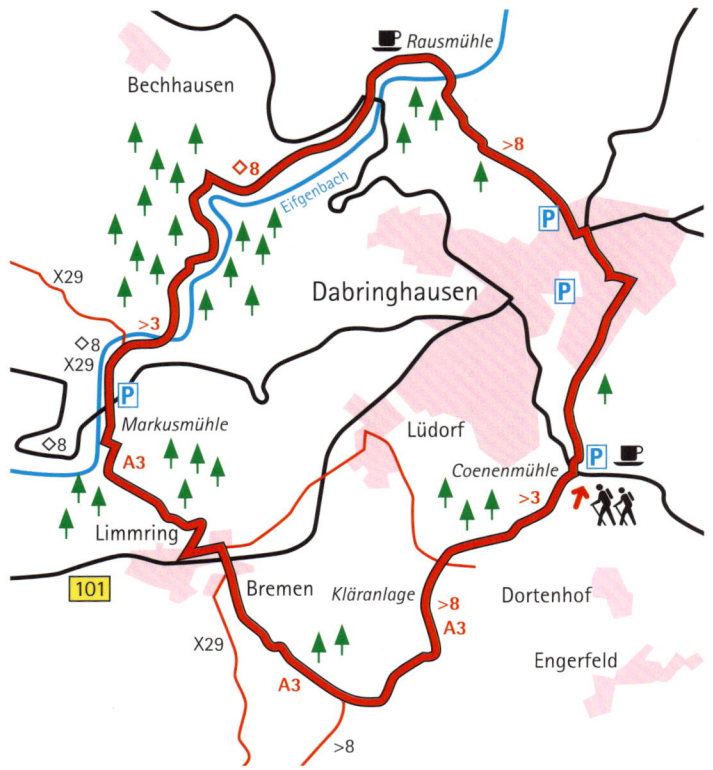

5. Dabringhausen: Im Linnefe- und Eifgental

Die Wanderung kann direkt auf dem Parkplatz des Restaurants Coenenmühle im Tal der Linnefe begonnen werden. Als Wanderzeichen dient zunächst **> 8**. Das Zeichen führt uns bis in die Nähe des Freibades Dabringhausen, dann geht es nach links aufwärts, vorbei an einem großen Tor und hier nach halbrechts bis Dabringhausen. Dort wird über die Mühlenstraße weiter gewandert.

Von Altenberg und Hückeswagen über die L 101. Von der B 51 zwischen Leverkusen und Remscheid in Hilgen über die L 249. Im Zentrum von Dabringhausen in Richtung Engstfeld und Grünenbäumchen bis Coenenmühle.
Parkplatz: Coenenmühle

Coenenmühle und Rausmühle (Öffnungszeiten siehe Kästen)

Wanderstrecke: 10 km = ca. 3 Std.
Wanderzeichen: > 8, ◯, ◊ 8, X 29

5. Dabringhausen

An der Einmündung Mühlenstraße/Höferhof zeigt der ○ nach links in den Weg Butscheid hinein. An der nächsten Einmündung geht es wieder links und am Haus Nr. 2 rechts, um auf den Ortsmittelpunkt, die evangelische Kirche, zuzuwandern. An der Kirche kann man sich das Jahr der Erbauung aussuchen: 1783 steht über der Seitentüre, 1788 im Gemäuer. Nun wandert man nach rechts und kommt neben dem Restaurant „Zum Markt" auf die Altenberger Straße und folgt dieser nach rechts. Am Friedhofweg geht's nach links, und schnell ist man aus dem Ort heraus. Die Umgehungsstraße von Dabringhausen muss überquert werden. Das Wanderzeichen führt vor dem Friedhof nach rechts und am Ende desselben nach links in die Felder und wenig später in die Wälder hinein. Am Waldesrand nach links, dann weiter nach links an einem Weidezaun entlang und bergab. Ein Bachlauf wird gequert, dann umgibt uns Nadel- und später Mischwald. Auf einer Holzbrücke wird der Eifgenbach überquert. An alte Zeiten erinnert die Furt rechts neben dieser Brücke. Am Friedhof war der Weg mit dem Wanderzeichen **> 8** nach links abgebogen, nun kommt es zum ○ zurück. Im Talgrund kommt man auf den Bezirkswanderweg mit der ◊ **8**.

Rausmühle
Am Wegesrand liegt das bekannte Ausflugslokal Rausmühle. Eintreten und sich wie zu Hause fühlen. Die gute Küche und die gepflegten Getränke wissen viele Gäste zu schätzen.

Die Besucher werden mit der Geschichte der ehemaligen Mühle bekannt gemacht. Urkunden aus den vergangenen Jahrhunderten können bewundert werden. Eine aus dem 16. Jahrhundert enthält eine Verfügung des Reichskammergerichtes, die sich mit einer wasserrechtlichen Angelegenheit zwischen der Raus- und der Markusmühle befasst.

● **Öffnungszeiten: Di-So 11-22 Uhr, Mo Ruhetag.**

Über den Bezirkswanderweg mit der ◊ **8** muss nun weiter gewandert werden, und zwar in Richtung Altenberg, also bachabwärts. Wie es sich im Bergischen gehört, wandert man auf und ab, ist mal weiter weg vom Eifgenbach oder unmittelbar neben ihm. Nach etwa 2 km kommt der **HWW X 29** von rechts in das Tal. Für die nächste Zeit ist dieses Zeichen Orientierungshilfe. Ein Zulauf zum Eifgenbach wird überquert, dann ist das ehemalige Ausflugslokal Markusmühle, das sich etwas oberhalb der eigentlichen Mühle befand, erreicht. Hier wird

5. Dabringhausen

Das hat man sich verdient
Die Coenenmühle lädt zur gemütlichen Rast ein. Das Restaurant ist ein weithin bekanntes Pfannkuchenhaus. Neben Pfannekuchen mit vielerlei Belägen werden auch bergische Spezialitäten angeboten.
- Öffnungszeiten: Mo/Di 16-24 Uhr, Sa 14-24 Uhr, So und Feiertage 11-24 Uhr.

die Straße von Hilgen nach Dabringhausen überquert, dann steht man vor der eigentlichen Mühle.

Unterhalb der Mühle sind Fischteiche angelegt worden. Frisch- und Räucherfisch werden angeboten. Wieder einmal wird ein Zulauf zum Eifgenbach überquert. Kurze Zeit später biegt der **HWW X 29** nach links ab, und es geht ca. 100 Meter bergauf bis zur Hofschaft Limmring. Nach Überquerung der L 101 ist die Hofschaft Bremen erreicht und schnell durchwandert. Dann geht es talwärts durch Felder und Wald in das Linnefetal. Hier kommt der Wanderweg > 8 von rechts, diesem Zeichen ist nach links zu folgen. An der Linnefe entlang geht es langsam aber stetig aufwärts. Eine Kläranlage wird passiert, danach wird die Straße von Lüdorf nach Dortenhof gequert und etwa 20 Minuten später wird diese Wanderung an der Coenenmühle beendet.

6. Burscheid: Zur Eifgenburg

Vom ehemaligen Bahnhof Burscheid zunächst dem ☐ entlang der Höhestraße folgen, vor der Autobahn nach links abbiegen, die Kretzheide durchwandern bis zur B 51 in der Hofschaft Linde. Weiter geht es nach rechts und sehr bald nach links. Wir kommen in eine Hofschaft, wie man sie sich Bergischer nicht vorstellen kann: Bellinghausen. Hier trifft man auf den Eifgenhöhenweg, der als örtlicher Wanderweg mit den Zeichen **A 1 – A 3** gekennzeichnet ist. Nach dem Durchwandern der „Bilderbuch-Hofschaft" führt der Weg an einem im Bergischen Stil erbauten Laubenhaus vorbei, dem Imgesbusch.

Nach etwa 300 m geht es nach rechts durch den Lamerbusch abwärts ins Eifgental. Hier treffen wir auf den **BZW ◊ 8** und folgen diesem nach rechts. Vom breiten Weg biegen wir geraume Zeit später nach links ab, überqueren auf einer schmalen Brücke den Eifgenbach, um dann nach rechts an ihm entlang weiter zu wandern. Im rechten Winkel verläuft unser Weg nach links, während der Bach einen weiten Bogen schlägt. Hoch über dem Bach führt der Weg an einigen Felsformationen vorbei. In einer Linkskurve zeigt die Raute geradeaus und führt schnell wieder neben den Eifgenbach. Nach nochmaligem Überqueren des Baches sieht man zwei Eiben, die als Naturdenkmal ausgewiesen sind.

Eiben sind immergrüne Nadelhölzer, die über die gesamte nördliche gemäßigte Zone verteilt sind. Die gewöhnliche Eibe, meistens als Unterholz in Wäldern, kann sehr alt werden (3000 Jahre). Die Pflanzen sind giftig, denn sie enthalten Alkaloide und Glykosid. ●

Hier wurde vor vielen Jahren ein Hammerwerk betrieben, der ehemalige Bökershammer, und hier steht man an der ältesten Industriestätte Burscheids.

Von der B 232 oder A 1, Abfahrt 99 in die Stadtmitte und dort zum Bahnhof. Parkplatz: Am Bahnhof

Von Leverkusen mit Buslinie 229, von Leverkusen-Hilgen mit den Linien 239/240, von Solingen mit Linie 262 und von Bergisch-Gladbach mit Linie 430

In Burscheid

Wanderstrecke: 8,5 km = ca. 3 Std.
Wanderzeichen: ☐, A 1, ◊ 8, X 30

6. Burscheid

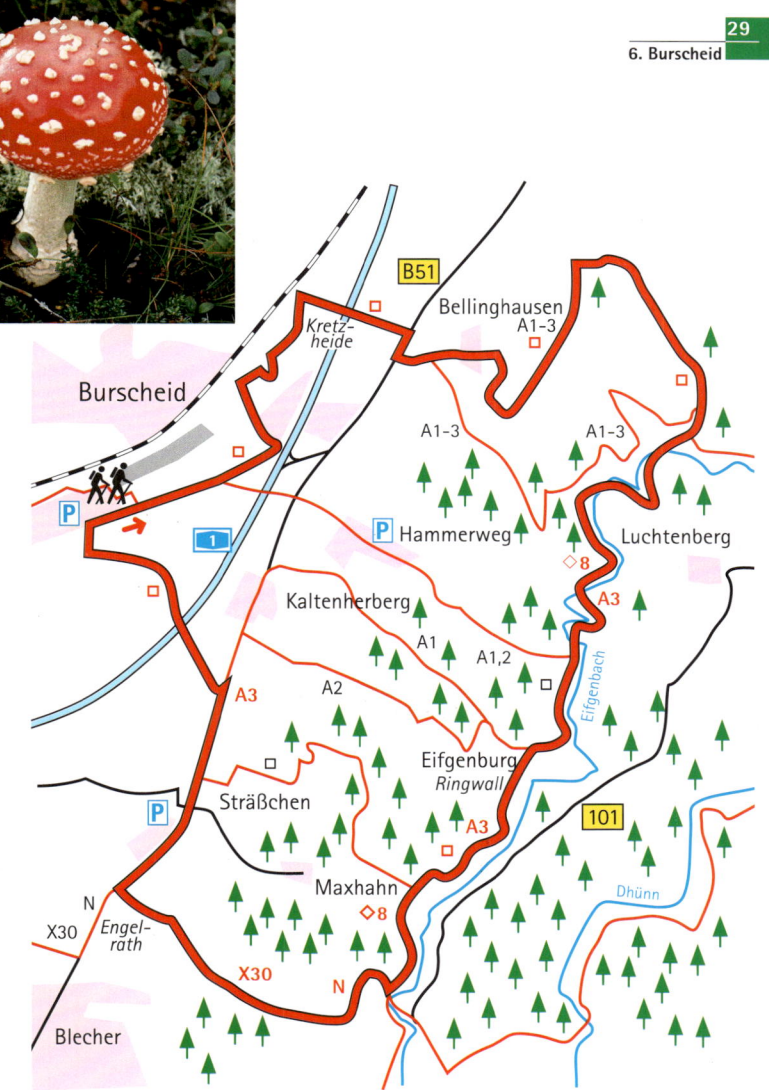

▷ Clemens Böker, ein Fabrikant aus Remscheid, der in den Tälern von Morsbach und Eschbach keinen Platz mehr fand, wich in das Eifgental aus und erbaute vor mehr als 250 Jahren dieses Hammerwerk, in dem Eisen geschmolzen und zu Band- und Schlichteisen verarbeitet wurde.

Wenige Minuten später steigt unser Weg, nach links zum Tal durch Ketten gesichert, an. Eine „Bergnase" muss überquert werden. Der Wanderweg verläuft nach rechts und führt bald zu einem archäologischen Denkmal, dem Ringwall Eifgenburg.

6. Burscheid

> An der Spitze einer steil in das Eifgental vorstoßenden Bergzunge liegt ein annähernd dreieckiger Ringwall, dessen Schenkelmaße 65 x 140 m betragen. Der Schildwall vor dem breiten Graben ragt hoch auf.
> 1939/40 wurde die Anlage ausgegraben und ist ein Beweis dafür, dass Burscheid bereits 1000 Jahre und älter ist.

Wenige Meter hinter dieser Heimstatt unserer Urahnen sind wir wieder neben dem Bach und erreichen bald den Punkt, an dem das **Quadrat** und **A 3** nach rechts weisen. Wir bleiben neben dem Bach bis zur Einmündung des **HWW X 30.** Hier wird das Tal nach rechts verlassen, um über den HWW aufwärts zu wandern. Es geht an einer Schutzhütte vorbei und entlang eines kleinen Baches. Nachdem einige Meter Höhe gewonnen sind, geht es nach rechts und danach über einen bald breiteren Weg nach links. Der stetig ansteigende Weg führt aus dem Wald heraus, mitten hinein in die sehr gepflegten Obstgärten des Obstgutes Engelrath. Das Gut ist Bestandteil der gleichnamigen Hofschaft direkt neben der B 51.

Nun muss in den „sauren Apfel" gebissen werden, denn weiter geht es entlang der B 51 nach rechts. In der Hofschaft Sträßchen sind wieder die Wanderzeichen **A 3** und □ zu sehen, die am Hanscheiderhof nach links weisen und in die Siedlung Löh führen. In Kürze wird die **A 1** gequert, dann sind wir in der Hofschaft Löh. Vorbei geht es am Friedhof und weiter über die Altenberger Straße bis zum Bahnhof.

Gut Engelrath,

in dessen Ladenlokal Obst, Gemüse, Geflügel, Wurst, Käse und vieles mehr angeboten wird, besteht seit mehr als 300 Jahren und ist jetzt in der 5. Generation im Besitz der Familie Behling. Das Haus auf dem Höhenzug neben der heutigen B 51 war wehrfähig, für den Fachmann u.a. an den Fensterkonstruktionen zu erkennen. Die ehemaligen Besitzer konnten ihre „Selbständigkeit" gegenüber dem Hause Berg, den Rittern aus Haus Landscheid und der Abtei Altenberg behaupten.

● Öffnungszeiten: Mo-Fr 8-18 Uhr, Sa 8-17 Uhr und So 10-17 Uhr.

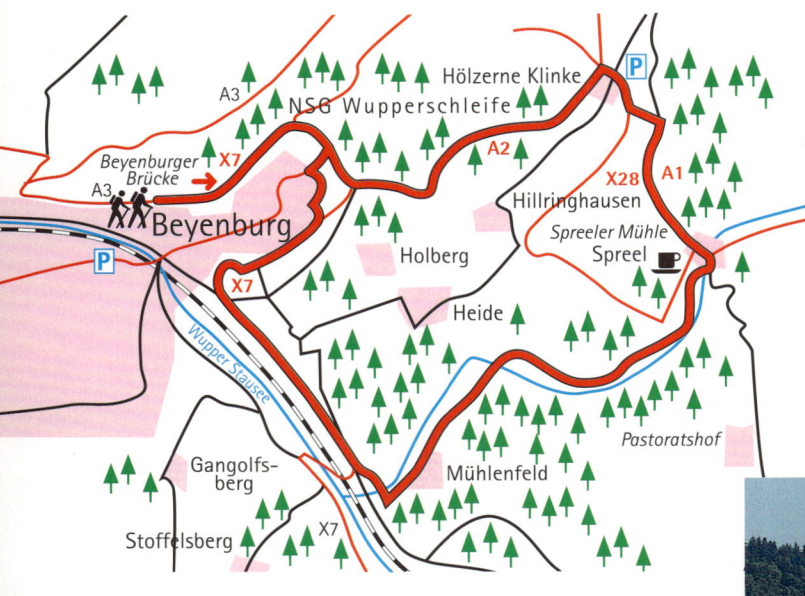

7. Wuppertal-Beyenburg: Wanderung in drei Regierungsbezirken

Die Wanderung beginnt an der Straßeneinmündung Am Kriegerdenkmal/Am Wupperstollen etwas oberhalb der Haltestelle. Wir wandern in den alten Ortskern am Bienenberg. Rechts am Weg steht ein schönes Kruzifix. Die spätgotische Klosterkirche St. Maria Magdalena mit ihrem barocken Hochalter auf dem Kirchberg wirkt wie ein Magnet. Sie ist über die Beyenburger Freiheit zu erreichen.

Dann geht es abwärts weiter. Die Bergischen Häuser und die winkligen Gassen und Gässchen lassen die Zeit still stehen. Auf einer schmalen Brücke an der Beyenburger Furt wird der Fluss überquert

---

🚗 Aus Richtung W.-Oberbarmen und Radevormwald (B 229) den Hinweiszeichen folgen.
Parkplatz: Im Ort

🚌 Von W.-Oberbarmen mit den Buslinien 616 und 626
Haltestelle: Beyenburg-Mitte

⭐ Klosterkirche

☕ Spreeler Mühle

🥾 Wanderstrecke: 10 km = ca. 3 Std.
Wanderzeichen: Ⓦ, Wappenschild, X 28 und A 2

7. Wuppertal-Beyenburg

> Wer hat nicht schon einmal den Ausspruch: „Der ist über die Wupper gegangen" gehört? Hier in dieser Gegend hat er seinen Ursprung. Wenn die Werber der Preußenkönige in der Grafschaft Mark wehrfähige Männer suchten, flohen viele über die Wupper in das Herzogtum Berg, um sich dem Militärdienst zu entziehen.

Nach rechts geht es zunächst an der Wupper entlang. Am gegenüberliegenden Ufer sind die Reste der alten Burg, 1363 erstmals erwähnt, deutlich zu erkennen. Der Wanderweg biegt nach links ab, der Stadtteil verschwindet aus dem Blickfeld. Eine sehr schöne alte Eisenbahnbrücke (Fischbauchbogenbrücke) und die Straßenbrücke müssen unterquert werden. Nun liegt der Stausee zur Rechten; mit seiner Länge von 2 Kilometern ist er ein ideales Wassersportrevier.

Die Wupper trennt und verbindet die Landesteile Rheinland und Westfalen, die Städte Schwelm und Ennepetal, Radevormwald und

Beyenburg

Mitglieder des flämischen „Ordens vom Heiligen Kreuz" kamen auf Einladung des Grafen von Berg, Adolf V., in das Bergische Land. Man schrieb das Jahr 1298, als sie sich in Beyenburg niederließen, um die Hofkapelle von Steinhaus an der alten Kölner Handelsstraße zu betreuen. Das Leben und Treiben einer solchen Straße stand im Gegensatz zur klösterlichen Lebensart, so dass der Landesherr sich entschloss, den „Kreuzbrüdern" den Beyenberg oder den Bienberg oder den Berg Beyenburg zu schenken. An der Wupperschleife sollte ein neues Kloster errichtet werden. Ab 1485 entstand das Klostergebäude, die heutige Kirche. 1803 verließen die Kreuzherren Beyenburg, um erst 160 Jahre später als Seelsorger der Pfarrgemeinde zurückzukehren. ●

7. Wuppertal-Beyenburg

Wuppertal; gleich drei Regierungsbezirke kommen hier zusammen: Arnsberg, Düsseldorf und Köln. Am Ende des Sees bleibt man auf dem Ennepetalweg und wandert nach links.

An der Einmündung der Straßen Ackersiepen und Ackersieper Weg kommt das Wanderzeichen des Gevelsberger Rundwanderweges (54 km), das **Wappenschild**.

Der Wanderweg führt ziemlich genau an der Stadtgrenze von Radevormwald entlang.

Die Hofschaft Mühlenfeld wird von den Gebäuden eines metallverarbeitenden Betriebes beherrscht. Am Ende des Firmenparkplatzes verläuft der Wanderweg nach links aufwärts. Auf einem breiten Weg werden in einem weiten Bogen die Firmengebäude umwandert. Dann geht es durch einen Nadelwald. Ein einzelnes Haus steht auf einer Lichtung. Es ist die Hofschaft Im Wildental. Wenig später zeigt das Wanderzeichen nach links abwärts und auf einer Holzbrücke muss der Brebach überquert werden. Das schöne Tal wird breiter, hin und wieder laden Bänke zur Rast ein. Ein kurzes Stück, dann geht es nach links aufwärts in den Wald hinein. Nahe kommt man an den Bach heran und muss sich durch eine Viehsperre zwängen, um danach über eine Weide zu wandern. Am oberen Rande des dazu gehörenden Seitentals liegt der Pastoratshof. Noch einmal muss eine Viehsperre passiert werden, dann ist man auf einer Asphaltstraße und auf dem **HWW X 28**. Nur wenig später ist die Verbindungsstraße von Schwelm nach Remlingrade erreicht. An der Einmündung des Wanderweges in diese Straße liegt links die Spreeler Mühle.

Nach einer Rast wandert man weiter entlang der Verbindungsstraße von Schwelm nach Radevormwald mit **X 28** als Orientierungshilfe. Endlich kann die Straße nach links verlassen werden, die Hofschaft Hölzerne Klinke ist in Sichtweite. Ein neues Wanderzeichen, **A 2**, kommt auf den bisherigen Weg, und diesem muss gefolgt werden. Durch die Uellenbecke, die Bestandteil des Naturschutzgebietes Wupperschleife ist, geht es bergab. In Beyenburg kommt man wieder auf den **HWW X 7**, der zum Ausgangsort zurückführt.

Spreeler Mühle
● Öffnungszeiten: Di-So 11-21 Uhr, Mo Ruhetag.

Tölleturm

Erbaut wurde der Tölleturm 1888. Der Barmer Verschönerungsverein hat den Turm sehr aufwändig restauriert, unterhält ihn und hat ihn 1990 der Öffentlichkeit wieder zugänglich gemacht. Der Turm ist nur an Sonn- und Feiertagen von 11-17 Uhr geöffnet. Bei entsprechendem Wetter bietet sich von dort oben ein wunderschöner Blick über die Stadt und die Höhen des Bergischen und Märkischen Landes. ●

8. Wuppertal-Süd: Rund um den Scharpenacker

Vom Turm aus wird der **HWW X 7** unter die Füße genommen, und zwar in den Wald hinein. Nach etwa 500 m trifft man den örtlichen Wanderweg **A 2**, der nach rechts verläuft, wandert durch die Hofschaft Marpe, überquert den Murmelbach und kommt in eine Siedlung, die einmal den Beinamen „Schutzmannshausen" hatte.

Der Weg führt in die Nähe der ehemaligen Kasernen, die heute als Asylbewerberheime genutzt werden. Nun wechselt das Wanderzeichen, aus dem **A 2** wird **A 1**. Wieder liegen rechts neben dem Weg Kasernengebäude, die der Bundeswehr als Unterkunft und Ausbildungsstätte dienen. Teilweise wird militärisches Schutzgebiet durchwandert. Es geht abwärts durch die Hofschaft Erbslöh. Von manchen Punkten aus kann man die Blombachtalbrücke sehen, eine Brücke, die wegen der vielen Selbsttötungen traurige Berühmtheit erlangte. Etwas oberhalb des Blombachtales kommt der örtliche Wanderweg **A 3** von rechts, verlässt den **A 2** jedoch sofort wieder.

Der Wanderweg führt nun etwas oberhalb des Blombaches talwärts durch den Wald. Man wandert hier auch oberhalb der Bahnlinie Wuppertal-Lennep und oberhalb der Autobahn A 1. Auch in diesem Teil der Wanderung findet sich militärisches Gebiet. Während der Übungszeiten ist das Betreten untersagt.

🚗 Von der Oberen Lichtenplatzer Straße in Wuppertal-Barmen über die Sachsenstraße.
Parkplatz: Am Tölleturm

🚌 Von Wuppertal mit den innerstädtischen Buslinien 640 und 646
Haltestelle: Tölleturm

🍴 Restaurant „Zur alten Bergbahn"

🥾 Wanderstrecke: 10 km = ca. 3 Std.
Wanderzeichen: A 2, A 1 und X 7

Stärkung ist angesagt
Das in Turmnähe gelegene Restaurant „Zur alten Bergbahn" empfiehlt sich für eine abschließende Rast. Früher endete hier die Bergbahn, eine Zahnradbahn, die sich vom Barmer Wupperufer durch die Barmer Anlagen „hocharbeitete".
● Öffnungszeiten: Täglich 11-24 Uhr, von 14.30-18 Uhr nur Kaffeegeschäft

In diesem Abschnitt bietet sich die Möglichkeit, auf Wuppertal-Langerfeld, dessen Kirche die Bildmitte bildet, zu schauen. In einem kleinen Bachtal geht es abwärts, die Trasse der Eisenbahnlinie Wuppertal-Lennep wird unterquert und im Talgrund, wo der Blombach gestaut ist, wird weiter gewandert. Einige Minuten später zweigt das Wanderzeichen nach halblinks in den Wald. Nun wandert man parallel zu den Gleisen bis zu einer Brücke.

An der Brücke kommt der **HWW X 7** von rechts, es muss nun nach links gewandert und dem **X 7** gefolgt werden. Nochmals wird die Bahnlinie gequert, und es geht wieder aufwärts, diesmal über den Hammersberger Weg zum Hammesberg. Die Straße Konradswüste wird erreicht. An der Einmündung steht ein Gedenkstein zur Erinnerung an Waldemar von Wichelkus.

▸ Unter dem Pseudonym von Wichelkus schrieb der beliebte Heimatdichter Gottfried Walter Dicke, der von 1920-1934 in Heckinghausen lebte.

Durch das Murmelbachtal wandert man aufwärts bis zum Tölleturm. Ungefähr 100 m oberhalb des Gedenksteines muss nach halbrechts in die Parkanlage und über den Gottfried-Walter-Dicke-Weg gewandert werden. Hier ist das Naherholungsgebiet für die Stadtteile Heckinghausen und Oberbarmen. Dieses Gebiet kommt auf der Höhe mit den Barmer Anlagen zusammen, umfasst also weite Teile des Stadtgebietes. An einer Wegekreuzung trifft man auf ein Abteilungswanderzeichen, das $\perp$ auf den **X 7**. Links steht eine Schutzhütte, rechts ist der Murmelbach aufgestaut. Nun folgt man dem $\perp$ und wandert oberhalb des kleinen Stausees nach rechts, überquert den Murmelbach und ist auf dem Talweg. Von links kommt der **HWW X 7**, der zum Tölleturm führt. Links des Weges ein Zaun, dahinter die Parkanlage der Familie Vorwerk, die sich bis zur Adolf-Vorwerk-Straße hinzieht. Kurze Zeit später erreicht man über den Weg Moltkehain den Tölleturm.

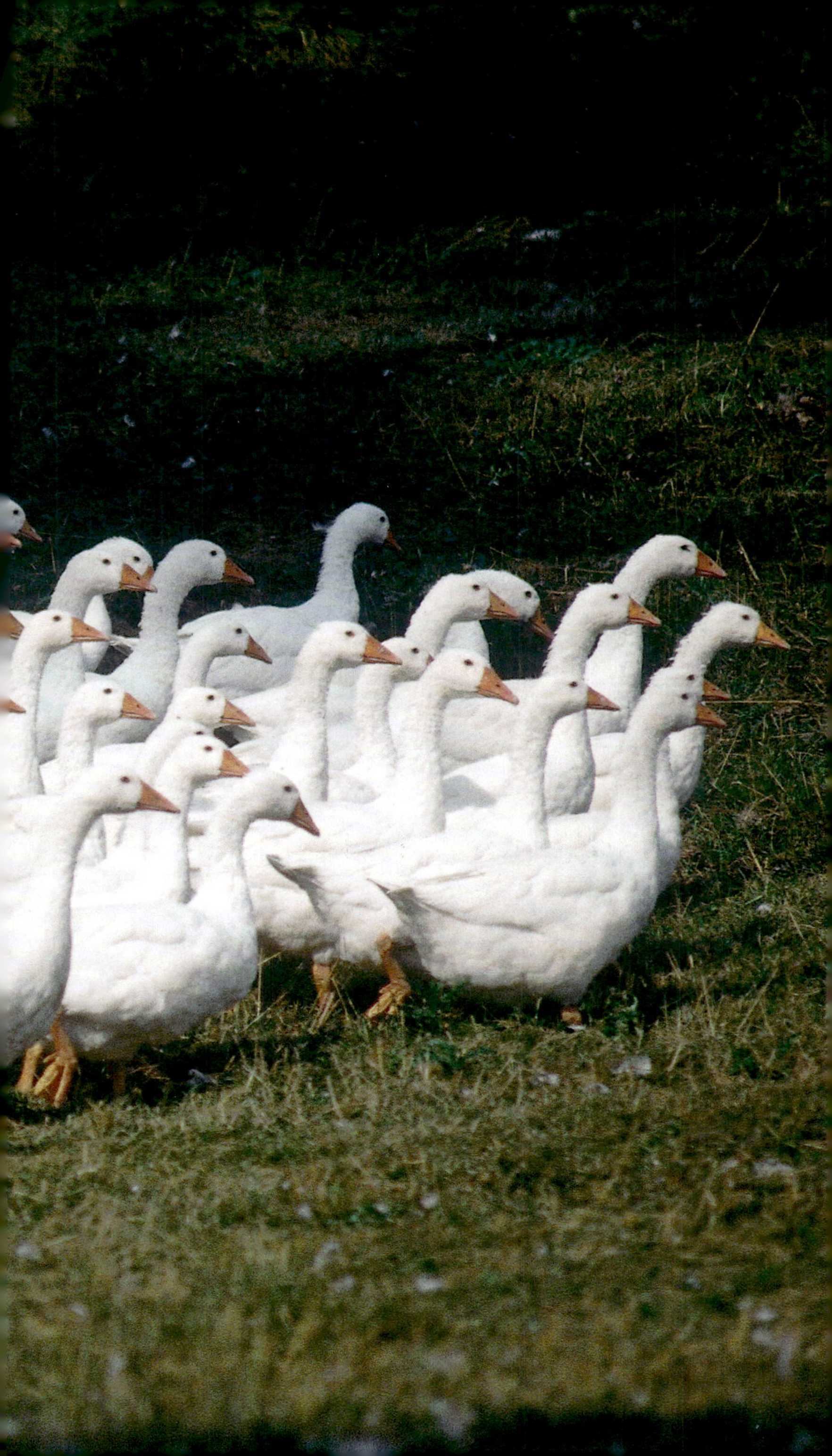

9. Wuppertal-Kohlfurth: Viele Bachläufe sind zu queren

Vom Parkplatz wandern wir über die Straße Kohlfurther Brücke zunächst bis zum Straßenbahn-Museum.

Die „Elektrische", also die Straßenbahn, verband noch bis in die 60er Jahre hinein die Städte und Dörfer im Bergischen miteinander. Zwischen dem Bergischen Städtedreieck (Solingen/Wuppertal), Essen und Düsseldorf verkehrten auf 240 km Schmalspurgleisen zahlreiche Überlandlinien.

Bergische Museums-Bahnen
Im Sommer 1992 öffnete das Straßenbahn-Museum in Wuppertal-Kohlfurth nach jahrelanger Vorbereitung seine Tore.
Wer erinnert sich noch an die Linie 5, die zwischen Wuppertal und Solingen verkehrte, die atemberaubende Kurven durchfuhr, in Tunneln verschwand und die Bergischen Höhen erklomm? Viele Fahrzeuge aus NRW gehören zur Sammlung. Mit historischen Triebwagen wird von Mai bis Oktober jeden zweiten Sonntag die 4,2 km lange Museumsstrecke zwischen Kohlfurth und Cronenberg befahren – ein Erlebnis besonderer Art.

● Fahrpreis für Hin- und Rückfahrt: Erwachsene DM 6,-, Kinder DM 3,-.
Geöffnet ist das interessante Museum jeden Samstag von 11-17 Uhr.
Von Mai bis Oktober kommen noch die Sonntage, ebenfalls von 11-17 Uhr dazu.
Kohlfurther Brücke, Wuppertal-Cronenberg, Tel. 02 02-47 02 51

🚗 Von der A 46 am Sonnborner Kreuz in Richtung Remscheid/Solingen auf die L 74 abbiegen, von Remscheid über die L 74. Parkplatz: In W.-Kohlfurth

🚌 Von Wuppertal oder Solingen mit den Linien CE 64 und 605 Haltestelle: W.-Kohlfurth

★ Bergisches Straßenbahn-Museum und Kaltenbachhammer

🚆 In Wuppertal-Kohlfurth oder Solingen-Kohlfurth

🚶 Wanderstrecke: 11 km = ca. 4 Std. Wanderzeichen: Ⓦ

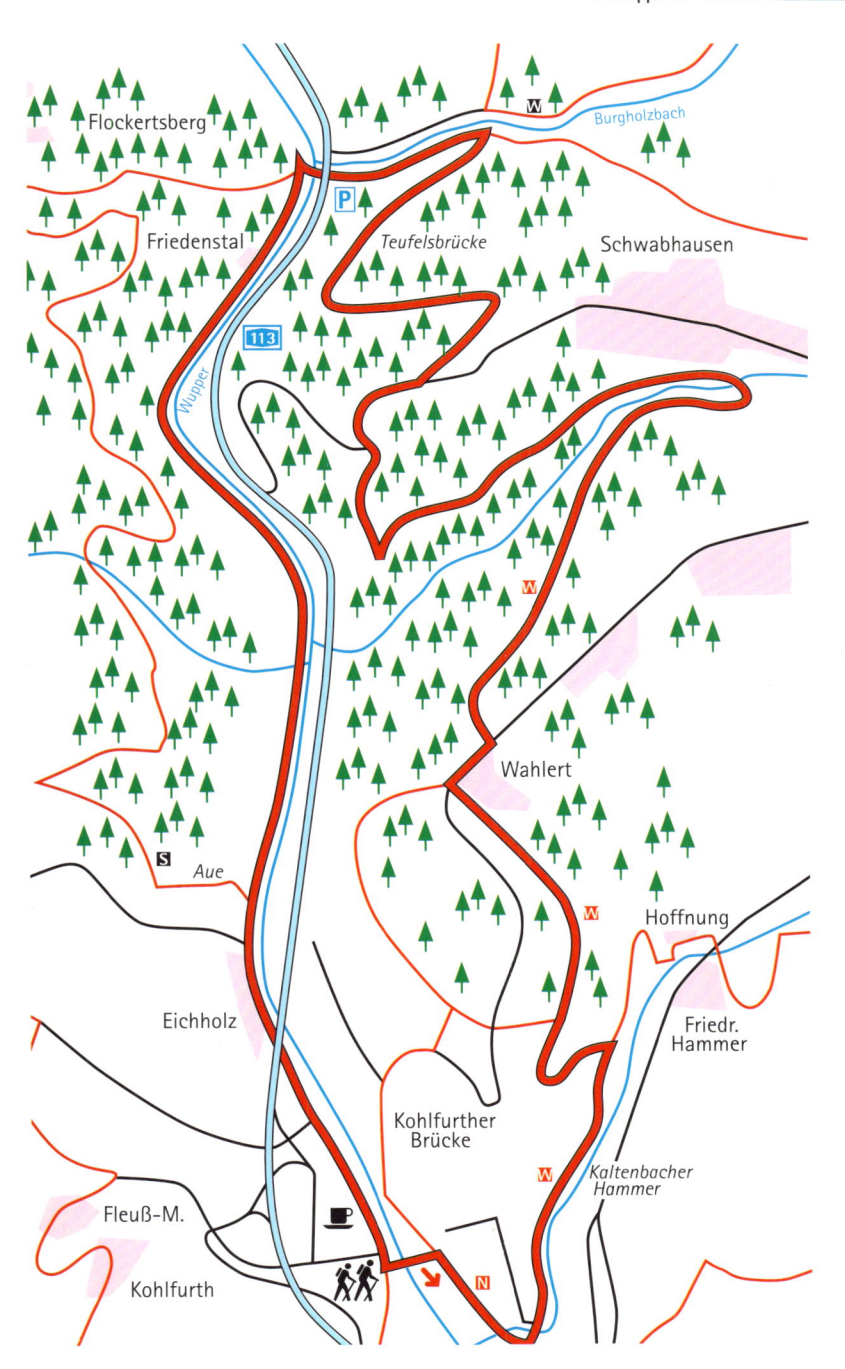

41
9. Wuppertal-Kohlfurth

Burgholzbach

Flockertsberg

Friedenstal

Teufelsbrücke

Schwabhausen

Wupper

113

Wahlert

Aue

Hoffnung

Eichholz

Friedr. Hammer

Kohlfurther Brücke

Kaltenbacher Hammer

Fleuß-M.

Kohlfurth

9. Wuppertal-Kohlfurth

Wir wandern weiter, halten uns links, unterqueren alsbald die Trasse der Straßenbahn und sind im Kaltenbachtal. Der Bach ist reguliert, die Böschungen an manchen Stellen mit Schleifsteinen „befestigt". Wir kommen zum Kaltenbacher Kotten, der noch betrieben wird. Wer Glück hat, kann den Schleifern bei der Arbeit über die Schulter sehen. Die Anlage wird von der Nordrhein-Westfalen-Stiftung Naturschutz, Heimat- und Kulturpflege gefördert. Eine Infotafel enthält alles, was von Interesse ist.

Wir gehen zur Straße zurück und biegen bald nach links ab. Teich und Kotten bleiben unter uns zurück. Dann geht es weiter durch den Wald bergauf, biegen bald nach rechts ab und sehen links eine Aussichtskanzel, ein lohnenswertes Nahziel. Unter uns liegt die Kohlfurther Brücke, und auf der Solinger Bergseite steht der Fernmeldeturm am Central. Mit dem (W) wandern wir weiter und erreichen endlich auf dem Jacobsberg die Höhe. Nach wenigen Metern sind wir an der Solinger Straße, biegen nach rechts ab und kommen in die Hofschaft Wahlert.

Das Wanderzeichen führt in den gegenüberliegenden Wald. Der Weg ist breit und führt zunächst bergab. Schon jetzt ist klar, dass viele Seitentäler durchwandert werden müssen, bevor wir am Ziel sind. Wer den Klingenpfad bewandert, kann sehen, wie viele „Kerben" der Wuppertaler Hang hat.

Wir wandern in das Herichbachtal hinein, in dem breite Forstwege als Wanderwege ausgewiesen sind. An einer Wegeeinmündung halbrechts halten und wenig später einen Bachlauf überqueren. Steil fällt das Gelände auf der linken Seite in den Einschnitt des Herichbaches. Von rechts rauscht ein Bach über die Felsen und wird unter dem Weg weitergeführt. In einem Bogen überqueren wir auch den Herichbach und wandern auf der anderen Talseite weiter über einen Waldlehrpfad. Der Berg oder die Flur Kürken wird umwandert. Ein Bächlein begleitet uns bis zur nächsten Einmündung, dann geht es nach rechts. Der Waldweg bleibt zurück, ebenso der Waldlehrpfad, und unser Weg wird zur Asphaltstraße.

Wieder wurde ein kleines Seitental durchwandert. Nun säumen Zypressen den Weg. Abwärts wandernd sehen wir durch die Bäume auf dem anderen Wupper-Ufer Haus Friedenstal und

9. Wuppertal-Kohlfurth

neben der L 74 den Parkplatz Teufelsbrücke. Sehr bald sind wir im Burgholzbachtal. Wir erreichen den Verbindungsweg zwischen dem Klingenpfad und dem Rundwanderweg um Wuppertal (Zeichen =<), wandern nach links abwärts weiter, sind bald im Talgrund und unterqueren hier die L 74. Dann geht es wieder aufwärts und etwas oberhalb von Haus Friedenstal nach links in einen schmalen Weg hinein. Nun wandern wir oberhalb von Haus Friedenstal durch schönen Waldbestand. Über einen „Zick-Zack-Weg" wird die Wupper erreicht. Führt sie Hochwasser, so ist der gewählte Weg unpassierbar. Man müsste weiter bergwärts wandern, um den Klingenpfad zu erreichen und über diesen nach Kohlfurth zu kommen. Der Unterholzer Bach wird überquert. In der Hofschaft Aue ist der Ketzberger Bach zu überqueren, und wir kommen mit dem Solinger Rundwanderweg (S), dem Klingenpfad, zusammen. Über die Straßen Aue und Auer Weg wandern wir nun in den Solinger Stadtteil Kohlfurth hinein. Vorher wurde noch der Fleußberger Bach, der oberhalb Bärenloch entspringt, überquert. Der Motorradfahrertreff „Café Hubraum" lädt zur Einkehr ein. Vortrefflich lässt es sich hier am Ende der Wanderung mit einer anderen Art von Wanderern diskutieren.

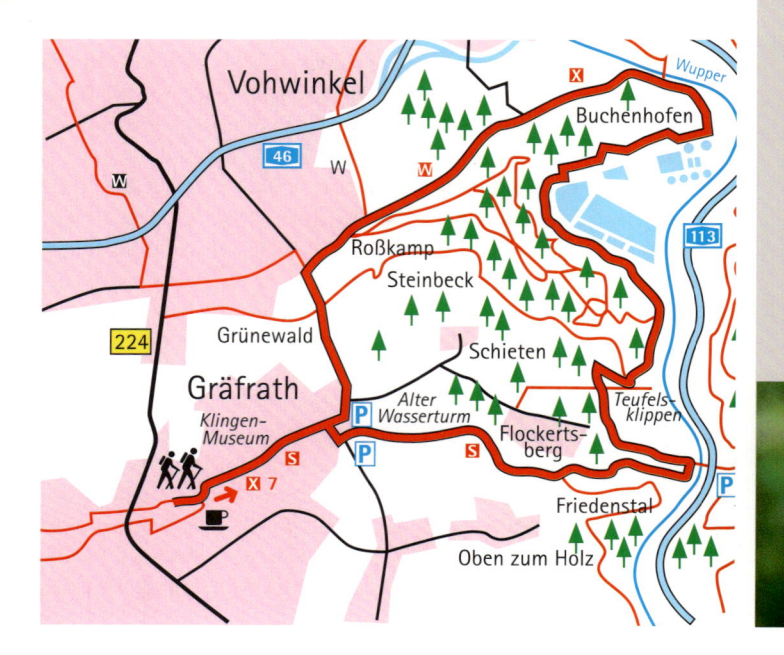

10. Solingen-Gräfrath: Historischer Ort und Kaffeetafel

Vom Parkplatz wandert man durch die Garnisonstraße, kommt zum Ortsmittelpunkt und ist scheinbar in einer anderen Welt. Hier, auf dem historischen Marktplatz, um den sich der alte Stadtkern gruppiert, scheint die Zeit stehen geblieben zu sein.

> 1402 wird das Dorf Gräfrath (einst Greverode) von Herzog Wilhelm I. von Jülich-Berg zur Freiheit erhoben. Dies ist mit dem Erteilen der Stadtrechte gleichzusetzen und bedeutet, dass sich die Stadt mit Wall und Graben umgeben, Bürgermeister und Ratsschöffen wählen und Märkte abhalten darf.

Vom Marktplatz steigt man die Klostertreppe hinauf und erreicht die Klosterkirche. Heute ist es die kath. Pfarrkirche „St. Mariä Himmelfahrt". Im 12. Jahrhundert wurde hier von den Augustiner Chor-

---

- Von der B 224 zwischen Solingen und Wuppertal den Hinweiszeichen „Historischer Stadtkern" folgen. Parkplatz: Am Brandteich

- Von W.-Vohwinkel mit Buslinie 683 Haltestelle: Täppken

- Deutsches Klingenmuseum, Museum Baden, Klosterkirche, historischer Ortskern

- Hotel-Restaurant „Zur Post"

- Wanderstrecke: 11 km = ca. 4 Std. Wanderzeichen: X 7, (S)

Deutsches Klingenmuseum

Im ehemaligen Klostergebäude aus dem 17. Jahrhundert werden bedeutende Sammlungen von Blankwaffen, Bestecken und Schneidgeräten aller Völker und Epochen gezeigt. Darüber hinaus gibt es wechselnde Kunstausstellungen.

- Klosterhof 4, Solingen-Gräfrath
Tel. 02 12-2 58 36/10
Öffnungszeiten: Di-Do, Sa/So 10-17 Uhr, Fr 14-17 Uhr, Mo geschlossen.

Führungen gibt es auf Anfrage.
Eintrittspreise: Erwachsene DM 6,-, Kinder (6-18 Jahre), Schüler, Studenten und Azubis DM 3,—, Familienkarte DM 12,-.

Im Tierpark Fauna

werden etwa 700 Tiere in mehr als 200 Arten in einem Park-/ Waldgelände gehalten.

- Lützowstraße 347, Solingen-Gräfrath
Tel. 02 12-59 12 56
Ganzjährig geöffnet: im Sommer 9-18 Uhr, sonn- u. feiertags bis 18.30 Uhr, im Winter 9-17 Uhr.
Eintrittspreise: Erwachsene DM 6,-, Kinder DM 3,50.

---

frauen ein Damenstift mit der dazugehörenden Stiftskirche errichtet. Das noch sichtbare Westportal stammt aus dem 13. Jahrhundert. Die im Innern befindliche Schatzkammer – Eingang durch das Klingenmuseum – hält mit ihren Kleinoden manche Überraschung bereit. Von hier aus sind es nur wenige Meter zum Deutschen Klingenmuseum.

Vom Klingenmuseum wandern wir durch die Parkanlagen an der „Gerberstraße" zum Tierpark Fauna.

> Gegenüber des Tierparks Fauna lädt die nette Terrasse des Pfannkuchenhauses zur Rast ein. Täglich von 11-22.30 Uhr geöffnet.

Weiter dem **X 7** folgend geht es über die Lützowstraße nach links nach Wuppertal hinein. An der Roßkamper Straße ist der Wuppertaler Rundwanderweg erreicht, der mit dem (W) markiert ist. Es geht zunächst an Haus Linde, einer Außenstelle der Technischen Akademie Wuppertal vorbei und weiter abwärts bis an eine rechts liegende Weide. Das Wanderzeichen **U**, das zum **X 7** und **N** hinzugekommen ist, markiert den Hammersteiner Rundwanderweg. Der Wanderweg **A 2** wird erreicht und man folgt diesem nach rechts bergauf. Eine gefasste Quelle wird passiert. Bald schon verläuft das Wanderzeichen **A 2** nach links. Man bleibt auf dem breiten Forstweg, und wenn dieser sich teilt, wandert man auf dem unteren weiter. In einer Kurve geht es nach links über einen zunächst recht steinigen Weg abwärts. Rechts liegt

10. Solingen-Gräfrath

10. Solingen–Gräfrath

47

10. Solingen-Gräfrath

ein Einschnitt, und bald mündet dieser in ein Tal. Nun wandert man im Klosterbusch und im kleinen Steinbachtal. Dort, wo dieser Bach in die Wupper mündet, liegen die Teufelsklippen.

Nach kurzer Zeit stößt man wieder auf den örtlichen Wanderweg **A 2**, dem unterhalb eines Biotops nach rechts zu folgen ist. Der Weg steigt leicht an und an der Stelle, an der **A 2** nach rechts abbiegt, geht es nach links und weiter über wesentlich schmalere Pfade. Plötzlich, am Verkehrszeichen „Reitweg", muss nach rechts abgebogen werden. Am Ende des Weges wendet man sich nach links und sofort wieder nach rechts. Linker Hand liegt nun die Hofschaft Flockertsberg. Der Weg weist ein ziemlich starkes Gefälle auf. Rechts ein tiefer Geländeeinschnitt. Nun muss scharf nach rechts abgebogen, ein schmaler Weg durch einen Tannenwald benutzt werden und man nähert sich dem Einschnitt. Hier wird der Flockertsholzer Bach überquert, es geht über den Flockertsholzer Weg nach rechts aufwärts weiter. Schnell ist man am Sportplatz, dem ehemaligen Exerzierplatz (1815 wurde Gräfrath Standort eines Landwehrbataillons) und am ehemaligen Wasserturm, dem mit 276 über NN höchsten Punkt der Klingenstadt.

> Ein neues Wahrzeichen für Gräfrath: Der alte Turmhelm wurde abgetragen, das Gebäude saniert und mit einem neuen gläsernen, lichtdurchfluteten Turm versehen. Johannes Dinnebier, „ein Mann des Lichtes", hat den neuen Turm geschaffen und residiert nun hier. Der Turm leuchtet bei Nacht. Scheint die Sonne, so werden die Strahlen in die Tiefe des Gebäudes geleitet und leuchten dort mit 800 Lux. Dinnebier, der bereits in aller Welt mit Licht „gearbeitet" und Kunstwerke geschaffen hat, hat Gräfrath ein neues Wahrzeichen beschert.

Über den **HWW X 7**, der an der Lützowstraße erreicht wird, geht es abwärts in den historischen Ortskern. Hier ist eine Einkehr in ein bergisches Schmuckkästchen, ins Hotel „Zur Post" am Markt zu empfehlen, wo es die Bergische Kaffeetafel als Brunch gibt (Do Ruhetag).

Diejenigen, die danach noch Zeit haben, sollten es nicht versäumen, dem Museum Baden an der Wuppertaler Straße einen Besuch abzustatten. Untergebracht sind ein Kunstmuseum, die städtische Kunstsammlung und eine Artothek.

Museum Baden: Zu sehen sind u.a. Werke der Solinger Künstler Georg Meistermann, August Preuße, Willi Deutzmann, Max Kratz und Kurt Schwippert. Bedeutende Sammlungen sind zu sehen, darunter Werke von Lovis Corinth, Anselm Feuerbach und Franz von Stuck, Münzen und Porzellane.
● Öffnungszeiten: Di-Do 10-15 Uhr, Fr-So 10-18 Uhr, Mo geschlossen.
Eintrittspreise: Erwachsene DM 6,-, Schüler DM 2,-, Familien DM 10,-

Genuss ohnegleichen

Zu der bergischen Kaffeetafel im „Hotel zur Post" gehören: Waffeln mit heißen Kirschen und Sahne, verschiedene Brotsorten, Stuten, Butter, Käseplatte, Schinkenplatte, Rübenkraut, Konfitüren, Quark, Milchreis Zucker & Zimt und Brezel. Das obligatorische Getränk dazu, der Kaffee, sollte aus der Dröppelminna kommen. Und womit fängt man an: Beginnen sollte man mit Weißbrot, bestrichen mit Butter und süßem Aufstrich und mit einer dicken Reisschicht belegt. Danach kommt das kräftigere Brot mit Käse oder Wurst gefolgt von einer Schnitte Brot mit Butter und Quark. Die Waffeln werden zwischendurch gegessen. ●

11. Solingen Süd (Rüden): Kottenwanderung

Die Wanderung beginnt in der Hofschaft Obenrüden. Der örtliche Wanderweg **A 1** führt direkt neben der Wupper zum nahegelegenen Gasthaus „Rüdenstein" und an der Hofschaft Rüden vorbei. Auf der anderen Wupperseite liegt, über eine Brücke zu erreichen, das Gasthaus „Fähr". Dort trifft man auf den **HWW X 19** und folgt diesem nach rechts, wandert also am Rande der Hofschaft entlang. Auf der anderen Wupperseite steht der Friedrichstaler Kotten. Einiges deutet darauf hin, dass er restauriert werden soll. Die Hofschaft Friedrichstal bleibt auf der gegenüberliegenden Seite zurück, dann zeigt ein Hinweis zum Landgasthaus „Friedrichsaue". In der Nähe liegt ein Bodendenkmal. Es ist eine Ringwallanlage: Zoppesmur wird sie im Volksmund genannt. Während der **X 19** nach links aufwärts verläuft, bleibt man im Tal, wandert unterhalb der Hofschaft Leysiefen weiter und kommt zum Haus Nesselrath, ein ehemaliges Freigut und einer der ältesten Siedlungspunkte auf Leichlinger Gebiet. Weiter geht es bis zur Straße von Solingen nach Leichlingen. Dort muss nach rechts abgebogen und die Wupper überquert werden. Auf der anderen Straßenseite steht die Gaststätte „Haasenmühle", ein Szenetreff in dieser Gegend. Nun wandert man nach rechts, überquert dabei den Nacker Bach und geht etwas oberhalb der Straße zur Gaststätte „Wipperaue" und zum Wipperkotten, der bereits 1605 im Nesselrather Register erwähnt wird.

Das Wort „Kotten" bezeichnet eine Schleiferwerkstätte. In solchen Werkstätten wurde seit dem 14. Jahrhundert mit Hilfe der Wasserkraft gearbeitet. Es ist ganz natürlich, dass diese Kotten in den Bachtälern, also auch im Tal der Wupper standen, denn nur hier konnten die ausreichend vorhandenen Wassermengen und deren Gefälle ausgenutzt werden. Bereits in der 2. Hälfte des 17. Jahrhunderts zählte man 109 Kotten innerhalb des heutigen Solinger Stadtgebietes. Die Erfindung der Dampfmaschine und danach die Elektrizität bedeuteten das Ende dieser Ära. Im 18. Jahrhundert standen die meisten Kotten im Ittertal. ●

🚗 Von Solingen-Zentrum in Richtung Widdert, von hier den Hinweiszeichen „Rüden" folgen.
Parkplätze: An den Restaurationen

⭐ Wipperkotten, Haus Nesselrath

🍽 Rüden, Fähr, Rüdenstein, Friedrichsaue, Wipperaue, Haasenmühle

🚶 Wanderstrecke: 14 km = ca. 4 Std.
Wanderzeichen: A 1, X 19, Ⓢ

11. Solingen Süd (Rüden)

Wipperkotten

Der Wipperkotten ist der einzige noch erhaltene Doppelkotten an der Wupper. Heute drehen sich noch zwei unterschlächtige, voneinander unabhängige Wasserräder. Durch Wasserkraft angetrieben, erreichen manche Schleifscheiben über die Umsetzungen 900 bis 1400 Umdrehungen pro Minute. Im Vorderkotten wird heute noch geschliffen, im Hinterkotten hat sich ein Designer ein Atelierhaus eingerichtet. Neben einer urgeschichtlichen Sammlung sind Werkzeuge und Gerätschaften aus anderen Bergischen Kotten zusammengetragen worden.
Seit 1955 steht dieser Kotten unter Denkmalschutz.

● Infos unter: 02 12-80 03 05

11. Solingen Süd (Rüden)

Nun werden die Hofschaften Wipperaue und Wippe durchwandert. In der Letzteren geht es nach links in das Tal des Weinsberger Baches hinein zum Schmitzkotten. Auch hier wird noch geschliffen, wird höchste Solinger Qualität erzeugt. Aufwärts geht es durch das Bachtal zur Hofschaft Lache und dort an der Straße nach rechts. Das Ⓢ führt nun abwärts zunächst zur Friedrichshöhe und dann zur Friedrichtaler Straße. Diese wird überquert und nun muss aufwärts bis zur Rüdener Straße gewandert werden. Danach verlässt man den Rundwanderweg und gelangt über die Rüdener Straße zunächst nach Unten- und wenig später nach Obenrüden.

Kottenbutter

Eine echte Stärkung nach einer Wanderung ist die „Kottenbutter": Pro Person 1 bis 2 Scheiben Schwarzbrot mit Butter bestreichen und mit geräucherten Mettwurstscheiben (Kottenwurst) und vielen Zwiebelringen belegen. Wer will, kann auf die Wurst auch noch Senf tun. Dazu schmeckt ein Glas kühles Bier und hinterher ein klarer Korn. In vielen Gaststätten kann man diese Bergische Spezialität genießen.

● **Landgasthaus „Friedrichsaue"**
Öffnungszeiten: Mi–So 11.30–23 Uhr, Mo/Di Ruhetage.

● **Gaststätte „Haasenmühle"**
Öffnungszeiten: Täglich 11–1 Uhr, Sa 18–1 Uhr. Warme Küche von 12–14 und 18–22 Uhr.

● **Gaststätte „Wipperaue"**
Öffnungszeiten: Täglich 11.30–23 Uhr, Do Ruhetag.

● **Gasthaus „Rüdenstein"**
Öffnungszeiten: Mi–So 11.30–21 Uhr

● **Haus Rüden**
Öffnungszeiten: Täglich 11.30–22 Uhr

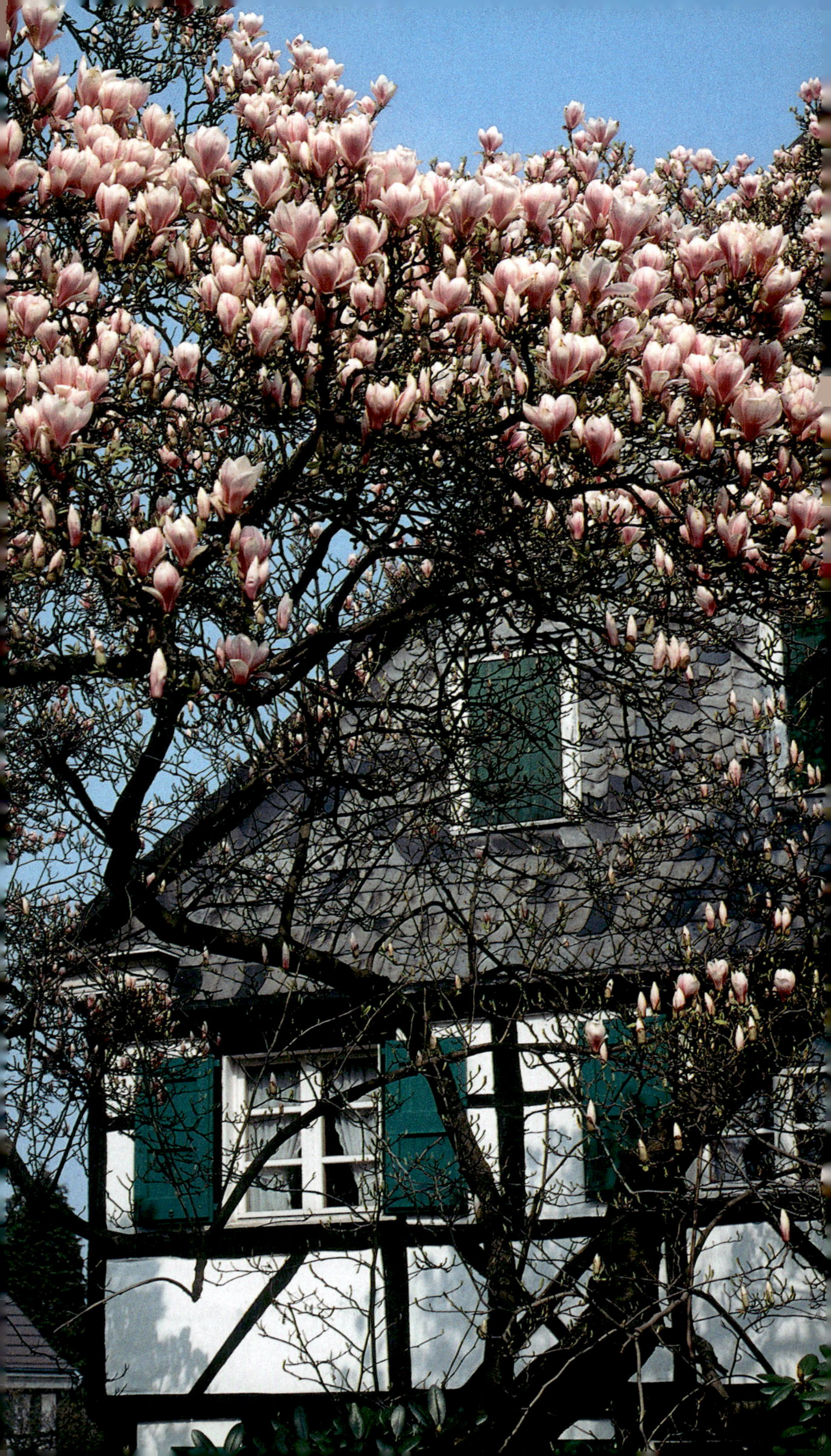

12. Müngstener Brücke: Stählerner Gigant

Vom Parkplatz aus wandern wir zurück in Richtung B 229. Auf der linken Straßenseite ist ein Hinweiszeichen zum Bahnhof Solingen-Schaberg und zum Klingenpfad (S) zu sehen. Sofort beginnt der Anstieg durch den Kauenbusch bis Schaberg. Mitten im Wald kommen wir auf den **HWW X 29** des SGV und auf den Klingenpfad. Wir folgen diesem Zeichen nach links zum Bahnhof Solingen-Schaberg, wandern am Bahnhof vorbei und stehen nur wenige Minuten später unter dem großen imposanten Bogen der Müngstener Brücke.

Wir queren den Dorperhofer Siepen, den Dorperhofer Bach und kommen zum Klingenpfad-Gedenkstein, von wo sich ein einmaliger Blick auf die Müngstener Brücke bietet.

Bergab geht es zum Restaurant Wiesenkotten (Do Ruhetag). Zuvor wurden der Windhagener- und Wiesenkottener Bach „übersprungen" und man ist wieder an der Wupper. Wir überqueren den Fluss und wandern neben ihm in Richtung Solingen-Burg. Ganz plötzlich weist das Wanderzeichen scharf nach links und bergauf. Über Serpentinen wird rasch an Höhe gewonnen, wir kommen auf den Remscheider Rundwanderweg und folgen nun dem Zeichen (R) nach links. Bald muss ein Bachlauf, zu dem ein Biotop gehört, überquert werden. Wir kommen an eine Wegekreuzung und wandern geradeaus weiter. Jetzt ist der Küppelsteiner Bach zu überqueren. Unmittelbar hinter einer Informationstafel über Waldschäden kommen zwei Zugangswege (**R 11** und **R 12**) zum Rundwanderweg von rechts. Wir bleiben auf dem breiten, mit dem (R) gekennzeichneten Weg.

Wieder muss ein Bach überquert werden, und jetzt wandern wir in der Flur Arnsberg.

Von rechts kommt ein Zugangsweg (**R 13**) zu unserem Rundwanderweg. Unten, auf der anderen Talseite, liegt die zu Solingen gehörende Hofschaft Müngsten. Halblinks ist auf dem vermeintlich gegenüberliegenden Bergrücken der Wuppertaler Ortsteil Sudberg zu erkennen. Links unter uns rauscht die Wupper über ein Wehr an steilen Klippen vorbei. Rechts fällt das Wasser eines Baches über die Felsen. Wir sind im Gebiet „Der Schalt". Links am Wege liegt der Diederichs-Tempel.

Nun geht es bergab, den Remscheider Rundwanderweg haben wir

Von der B 229 zwischen Remscheid und Solingen den Hinweiszeichen folgen.
Parkplatz: Im Bereich der Brücke

An der Brücke und im Wiesenkotten

Wanderstrecke: 8 km = ca. 3 Std.
Wanderzeichen: (S) (R)

Beinahe unter der Brücke befindet sich eine kleine Minigolfanlage.
● Öffnungszeiten: Mo-Fr bis 18.30 Uhr, Sa/So bis 19.30 Uhr.

Müngstener Brücke

Mit 107 m Höhe ist sie Deutschlands höchste Eisenbahnbrücke. 500 m lang überspannt diese filigran wirkende Eisenkonstruktion den Taleinschnitt. Der Schienenweg zwischen den Städten Solingen und Remscheid wurde durch die Brücke von 44 auf 8 km verkürzt.

1890 bewilligte der preußische Landtag die Mittel für den Bau der Brücke, und zwar 5 Millionen Mark. Benötigt wurden letztendlich nur 2,64 Millionen.

Am 26.2.1894 kam es zum 1. Spatenstich; 1895/96 war Baubeginn des Bogens, dessen Spannweite 170 m beträgt. 950 000 Nieten waren nötig. Am 3. Juli 1897 rollte der erste Zug über die Brücke. ●

verlassen, und schon bald sind wir im Tal an den Wupperbrücken. Wir überqueren die ältere, wandern nach links und stehen nach 5 Minuten am Ausgangspunkt der Wanderung um Deutschlands höchste Eisenbahnbrücke.

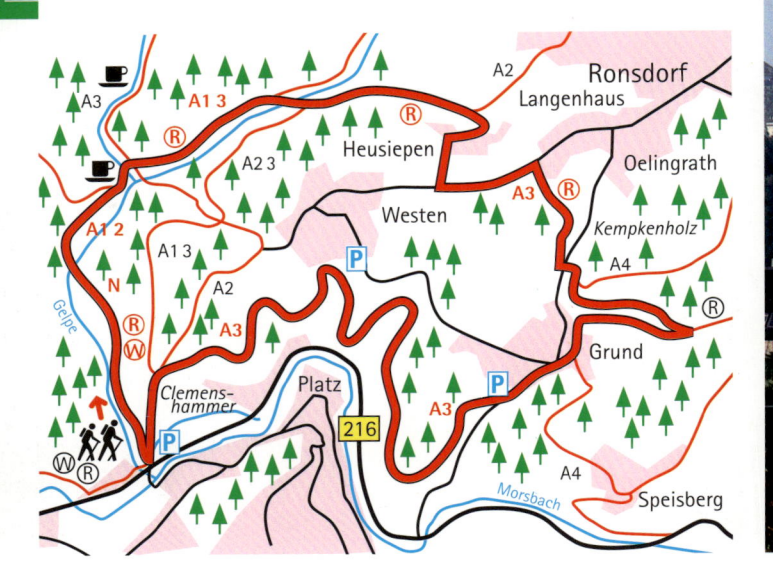

13. Remscheid: Über den historischen Industriegeschichtspfad im Gelpetal

Die Wanderung beginnt in der Hofschaft „Clemenshammer". Nach dem Überqueren der „Gelpe" zeigt das Wanderzeichen nach links. Dieser kleine, 4,4 km lange Bach gibt pro Sekunde 280 Liter Wasser an den Morsbach ab. Eine große Tafel informiert umfassend über den Industriegeschichtspfad Historisches Gelpetal; ein Lageplan zeigt die geschichtlich interessanten Plätze im Gelpetal mit seinen Nebentälern und klärt über den Aufbau und die Wirkungsweise eines Hammers oder Kottens auf.

Der Industriegeschichtspfad kann in größeren oder kleineren Runden bewandert werden. Als Wegweiser dient dabei ein schwarz-gelbes oberschlächtiges Wasserrad. Das Gelpetal selbst bietet sich als wunderschönes Wandergebiet bis zur „Zweipfennigbrücke" oberhalb des Speckhämmerchens und darüber hinaus an.

Im Morsbachtal und seinen Nebentälern wurden bereits 1580 Hammerwerke und Kotten erwähnt; im 18. Jahrhundert standen in diesem Bereich 79 Hammeranlagen, 55 Schleifkotten, 9 Frucht-, 6 Loh-

---

Von Wuppertal-Cronenberg über die Gerstau; von Solingen-Müngsten oder Remscheid-Haddenbach durch das Morsbachtal.
Parkplatz: Am Clemenshammer

Deutsches Werkzeugmuseum, Deutsches Röntgen-Museum

Restaurant „Zillertal"

Wanderstrecke: 10 km = ca. 3 Std.
Wanderzeichen: (R) und A 3

und 2 Walkmühlen. 1973 wurde der Büngershammer als letzte Anlage stillgelegt. Vollständig erhalten und betriebsbereit blieb nur der Steffenshammer etwas oberhalb unseres Standortes. Über die Hofschaft Clemenshammer wird an einer zweiten Tafel informiert. Nach nur kurzer Zeit steht man vor dem Steffenshammer.

> Steffenshammer: Der 1764 errichtete Steffenshammer ist der einzige noch erhaltene Wasserhammer in diesem Gebiet. Er ist ein Industriedenkmal und dem Deutschen Werkzeugmuseum in Remscheid angegliedert.
> ● Öffnungszeiten: Nur nach Vereinbarung über das Deutsche Werkzeugmuseum Remscheid. Tel. 0 21 91 - 16 25 19

Nun geht es auf einem asphaltierten Weg, der leicht ansteigt, in den Wald hinein. Unterhalb liegt der Teich des Steffenshammers, der beginnende Obergraben ist gut zu erkennen.

Am ehemaligen Westerhammer wird der „Dohrer Bach" überquert und auf der nächsten Straße nach rechts gewandert. Nachdem ein weiterer Zulauf überquert wurde, ist das Restaurant „Zillertal", ein seit 1904 bekanntes Ausflugslokal erreicht. Hier beginnen oder enden mehrere Wanderwege.

Nun wird das Gelpetal verlassen, durch das Saalbachtal geht's weiter. Der Weg führt auch zur Ronsdorfer Talsperre. Immer wieder gibt es interessante Hinweise auf die Vergangenheit, sei es durch Infotafeln oder durch Relikte der ehemaligen Bauten. Ein Zulauf zum Saalbach wird überquert, das (W) zweigt nach links ab, trifft aber bald wieder auf den Wanderweg. Nochmals wird ein Bachlauf gequert,

13. Remscheid

Zwei Remscheider Museen, die unbedingt besichtigt werden sollten:

Das **Deutsche Werkzeugmuseum**,
das eine umfangreiche technik-, sozial- und kulturgeschichtliche Sammlung von Werkzeugen verschiedener Jahrhunderte beherbergt.
- Cleffstraße 2-6, Tel. 0 21 91-16 25 19
  Öffnungszeiten: Di-Sa 9-13 und 14-17 Uhr, So 10-13 Uhr

Das **Deutsche Röntgen-Museum**
zeigt eine in der Welt einmalige Sammlung von Apparaturen zur Anwendung der X-Strahlen.
- Schwelmer Straße 41, Tel. 0 21 91-6 27 59
  Öffnungszeiten: Di-Fr 10-16 Uhr, Sa/So 11-17 Uhr

- Wer sich nach der Wanderung entspannen will, dem empfiehlt sich das Sauna- und Badeparadies H2O, Hackenberger Straße 109
  Infos unter ☎ 0 21 91-16 41 41

13. Remscheid

dann geht es über den Saalbach hinweg und das Saalbachtal wird verlassen. Es geht in den Heusiepen hinein. Der gleichnamige Bach wird überquert, die Straße Heusiepen wird erreicht und nun wandert man rechts auf die Hofschaft Heusiepen zu. Diese ist schnell durchwandert und am Haus Nr. 5 beginnt der Aufstieg nach links. An der VRR-Haltestelle Heusiepen ist die Höhe erreicht. Über die Straße hinweg öffnet sich der Blick nach Solingen. Die Konturen der Dorper Kirche sind so charakteristisch, dass man sie gar nicht übersehen kann. Halbrechts liegt die zu Ronsdorf gehörende Hofschaft Heidt, links über dem Gelpetal liegt Hahnerberg, gut auszumachen der Schornstein der Müllverbrennungsanlage in Küllenhahn.

Nun muss über die Straße Langenhaus nach links gewandert werden. Bevor die Bebauung des Weilers Langenhaus erreicht wird, zweigt der Wanderweg nach rechts in den Wald ab. Wieder einmal wandert man abwärts. Die Verbindungsstraße von Grund nach Oellingrath wird diagonal gequert. Linker Hand liegt ein Biotop, das Bestandteil des Gründer Baches ist. Der Auslauf wird überquert, man wandert nach rechts weiter auf das Spelsberger Bachtal zu. Wieder wird ein Bachlauf überquert; diesmal liegt rechts ein Biotop. Danach geht es wieder aufwärts, und zwar über den Bienenweg. Während der Remscheider Rundwanderweg weiter geradeaus verläuft, ist den örtlichen Wanderwegen **A 3** und **4** oberhalb der Hofschaft Grund nach rechts bis zur Hofschaft zu folgen. Man muss auf dem **A 3** bleiben, der alsbald nach halbrechts durch den Wald abwärts führt. Der Abstieg ist jedoch nur kurz, dann geht es wieder bergauf. Unterhalb der Hofschaft Westen wird die Straße, die ins Morsbachtal führt, überquert. Wieder einmal muss in den Wald hineingewandert werden. Nach etwa einem Kilometer kreuzen sich die örtlichen Wanderwege **A 1/3** und **A 2**. An dieser Stelle muss nach links abgebogen werden. Nach etwa 250 m ist der Ausgangspunkt der Wanderung erreicht.

14. Leichlingen: Durch die Bergische Obstkammer

Die Wanderung beginnt am Busbahnhof. Es geht durch die Parkanlage zum ehemaligen Rathaus, und an der Kreuzung findet man den **HWW X 19** dem man folgt. Zunächst durch die Brückenstraße, dann wird die Wupper überquert, danach geht es nach rechts in die Uferstraße hinein. Eine leichte Steigung ist zu bewältigen, rechts liegt der evangelische Friedhof, dann weist das Wanderzeichen nach links in die Hochstraße. Die Bahnhof-/Landwehrstraße muss überquert werden und man steht am Bahnhof Leichlingen. Von hier wandert man weiter, überquert den Bahnübergang und wendet sich sofort nach

Von Solingen, Leverkusen und Langenfeld den Hinweiszeichen folgen.
Parkplatz: In der Innenstadt

Haus Vorst, Haus am Dingblech, ev. Kirche

Neuenkamp, Wietsche Mühle, Gasthäuser in Leichlingen

Wanderstrecke: 20 km = ca. 5 Std.
Wanderzeichen: (weißes) ∆, Ⓛ, N, X 19

14. Leichlingen

Wer Leichlingen für ein verträumtes Städtchen hält, der irrt.
Die 25.000 Einwohner zählende Gemeinde im nordwestlichen Zipfel des Rheinisch-Bergischen Kreises ist Blütenstadt und Bergische Obstkammer. Am ersten Oktober-Wochenende wird in der Balker Aue der weithin bekannte Obstmarkt veranstaltet.
Älteste Funde belegen, dass um 3000 v. Chr. hier bereits gesiedelt wurde. In einer Klosterurkunde des 10. Jahrhunderts finden wir die erste Erwähnung von Leichlingen an der Wippera.
Der Name Leichlingen ist seit 1690 verbürgt, 1856 wurden die Stadtrechte verliehen. Das Höhendorf Witzhelden wurde 1975 eingemeindet. •

links in die Straße Im Tiergarten. **X 19** ist verschwunden, man wandert zunächst ohne ein Wanderzeichen neben den Gleisen der Bahnstrecke Köln-Wuppertal. Nach dem Überqueren der Moltkestraße muss über einen schmalen Pfad parallel zum Bahndamm gewandert werden, um zur Bushaltestelle Stoss an der Opladener Straße zu kommen. Nur ein kurzes Stück muss man entlang dieser Straße nach links wandern, denn nach dem Unterqueren der Eisenbahnbrücke geht es nach rechts an den Schmalseiten der Häuser vorbei zur Friedensstraße. Diese steigt leicht an und in der Kurve weiter geradeaus über eine Wiese in den Schraffenberg, auch Vorster Busch genannt, hinein. Zum ersten Mal ist hier das Wanderzeichen, das weiße Δ zu sehen, das durch Mischwald, dann über eine Lichtung und danach durch Junggehölz führt. Auf dem Haus-Vorster-Weg nach links durch eine Obstbaumallee zu einer über der Wupper gelegenen Höhenburg wandern.

14. Leichlingen

14. Leichlingen

14. Leichlingen

▶ Haus Vorst: Das wunderschöne Anwesen befindet sich in Privatbesitz, die Besichtigung erfolgt auf eigene Gefahr. Man kann bis vor den fünf Meter tiefen und neun Meter breiten Burggraben wandern. Erst nach 1890 wurde die Zugbrücke durch eine gemauerte Brücke, über die man in den dreieckigen Innenhof geht, ersetzt. Die Kettenlöcher der Zugbrücke sind neben dem Spitzbogen des Portals zu erkennen. Die Burg liegt auf einer weit ins Land hinausragenden Bergnase gegenüber der Ortschaft Balken. Sie ist im Mittelalter, wie andere Rittersitze in Leichlingen, Lehen der Benediktinerabtei Deutz. 1240 sind die Herren von Vorst urkundlich erwähnt.
Das gesamte Anwesen ist gut erhalten, alles ist sehr gepflegt. Und für das Wohlbefinden der Wanderer fehlt nur noch die Bergische Kaffeetafel im Burghof unter der dort als Naturdenkmal stehenden Winterlinde.

Zurück geht es durch die Allee zum Wanderweg und hier nach links bis zu einem Bahndamm der unterquert werden muss, bevor man zum Hülserhof kommt. Dort steht eine uralte Eiche. Hier treffen der 28 km lange Leichlinger Rundwanderweg Ⓛ und der Naturfreundeweg auf das weiße Δ. Ⓛ und das **N** sind ab jetzt die zu beachtenden Wanderzeichen, denn am Wupperbogen im nahen Hülser Busch verschwindet das Dreieck. Nun weiter an der Wupper entlang. Unter der Eisenbahnbrücke geht es über eine überdachte Brücke. Das andere Ufer wird erreicht, man passiert eine Quelle, an der man sich erfrischen kann, wandert leicht aufwärts und quert die Wuppertalstraße (L 359). Auf der gegenüberliegenden Seite führt der Weg in den Henkensiepen und dort aufwärts bis in die Ortschaft Neuenkamp. Der Leichlinger Rundwanderweg verschwenkt nach rechts. Der **N**-Weg, führt nach links zum Naturfreundehaus und zur Jugendherberge Neuenkamp und durch den Ort.

Naturfreundehaus
📞 0 21 75–29 17.
● Öffnungszeiten: Mo/Di/Mi/Fr 9–13 und 15–19 Uhr, Sa/So 9–19 Uhr, Do Ruhetag

Wietsche Mühle
Granitsteine sind zum Bau von Haus und Mühle verwendet worden. Aus der Mühle ist ein Ausflugslokal geworden. Eine Rast ist in der urigen Umgebung sehr zu empfehlen.
● Öffnungszeiten: Tägl. 14–23 Uhr, Di Ruhetag

Am Naturfreundehaus muss nach rechts abwärts gewandert werden, um zur Wietsche Mühle im Tal des Murbaches zu kommen. Hier trifft man auf den **HWW X 30**, der jedoch für diese Wanderung nicht relevant ist.

Nun geht es aufwärts bis zur Hofschaft Wietsche, quert die Straße nach Junkersholz und wandert in das Tal des Schmerbaches hinein. Am Beginn des Tales wird der von rechts kommende Weltersbach überquert. Rechts oberhalb liegt die bekannte Herzklinik Roderbirken. Der **N**-Weg führt durch das enge, manchmal wildromantische Tal aufwärts zur Hofschaft Schmerbach und weiter zur Ortschaft Bergerhof. Hier muss die Straße von Leichlingen nach Bennert-Oberschmitte überquert werden und wenig später sind der Ortsteil Bennert und der **HWW X 19** erreicht. Vor einer Schule biegt man nach links ab, durchwandert die Ortschaft und die Obstwiesen und trifft unterhalb der Hofschaft Bertenrath auf die Straße von Unterberg. Hier ist dem Wanderzeichen nach rechts zu folgen und etwa 200 m weiter muss oberhalb der Ortschaft Hülstrung nach links abgebogen werden. Der Weg führt am Hang der ostwärtigen Wupperberge entlang. Im Tal liegen die zu Leichlingen gehörenden Ortschaften Ziegwebersberg und Unterberg, die großen Höfe Müllerhof und Eicherhof; etwas höher der Staderhof. Nach kurzem Abstieg kommt man auf die Straße Am Hammer und wandert nach links. Über die Marktstraße geht es am Schulzentrum vorbei. Von links mündet die Mittelstraße ein.

> Haus am Dingblech ist das älteste Haus von Leichlingen. Es ist komplett restauriert; Bergisches Fachwerk, wie man es sich schöner nicht vorstellen kann. Blumengeschmückt ist dieses Anwesen ein beliebtes Fotoobjekt.
>
> Rechts steht die ebenfalls vor wenigen Jahren restaurierte evangelische Kirche. Das Bauwerk wurde 1753-56 errichtet und ist im Innern auf die Nähe zum Prediger ausgerichtet. An drei Seiten des Raumes befinden sich Emporen, die Kanzel ist in die halbe Höhe zwischen diesen und dem Erdgeschoss gehoben worden.

An der folgenden Kreuzung trifft man auf die **HWW X 19** und **30**. Nun ist die Kirchstraße zu überqueren und man wandert neben dem alten Rathaus (Polizeiwache) nach links in die Parkanlage hinein und kommt zum Busbahnhof.

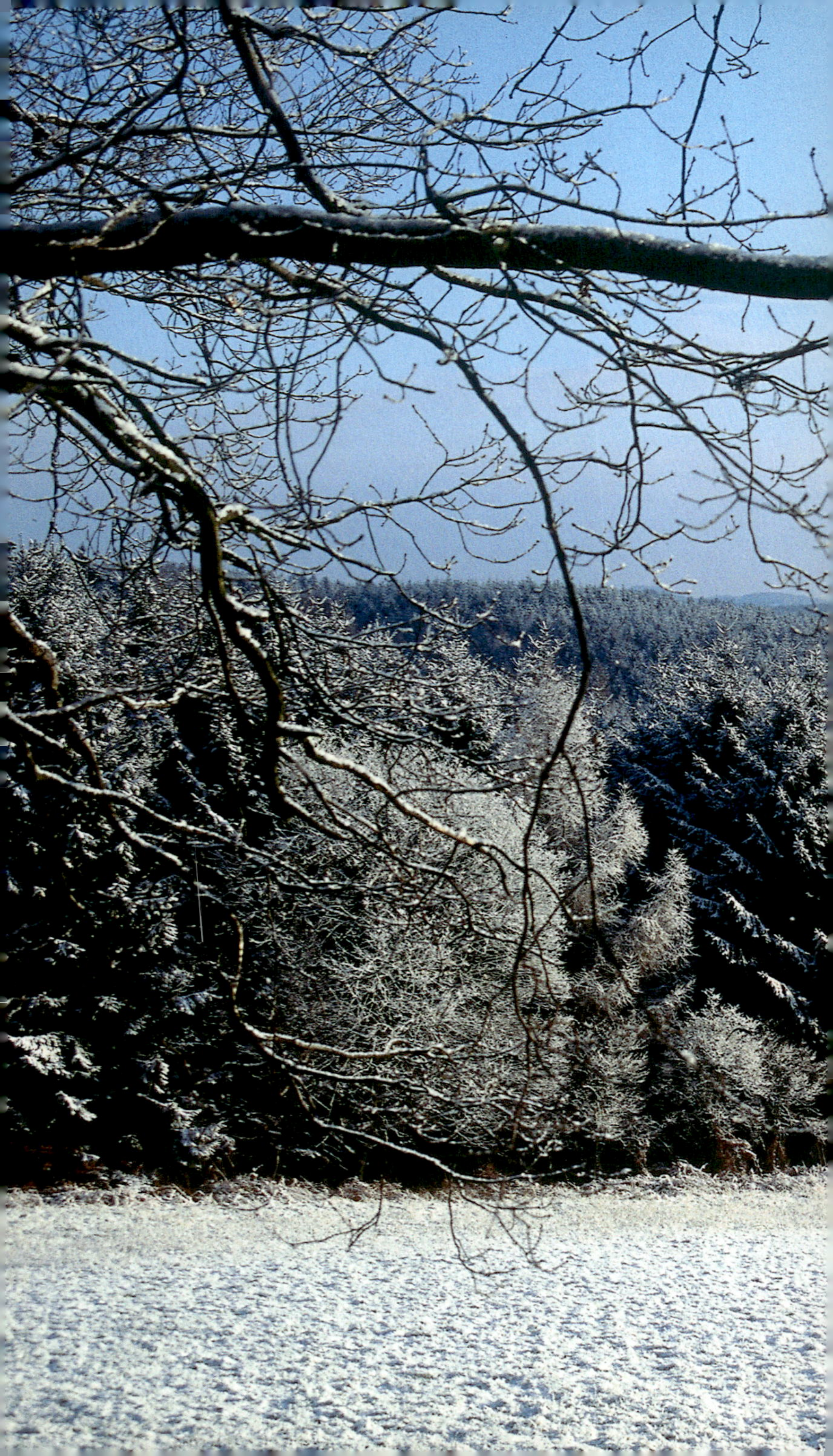

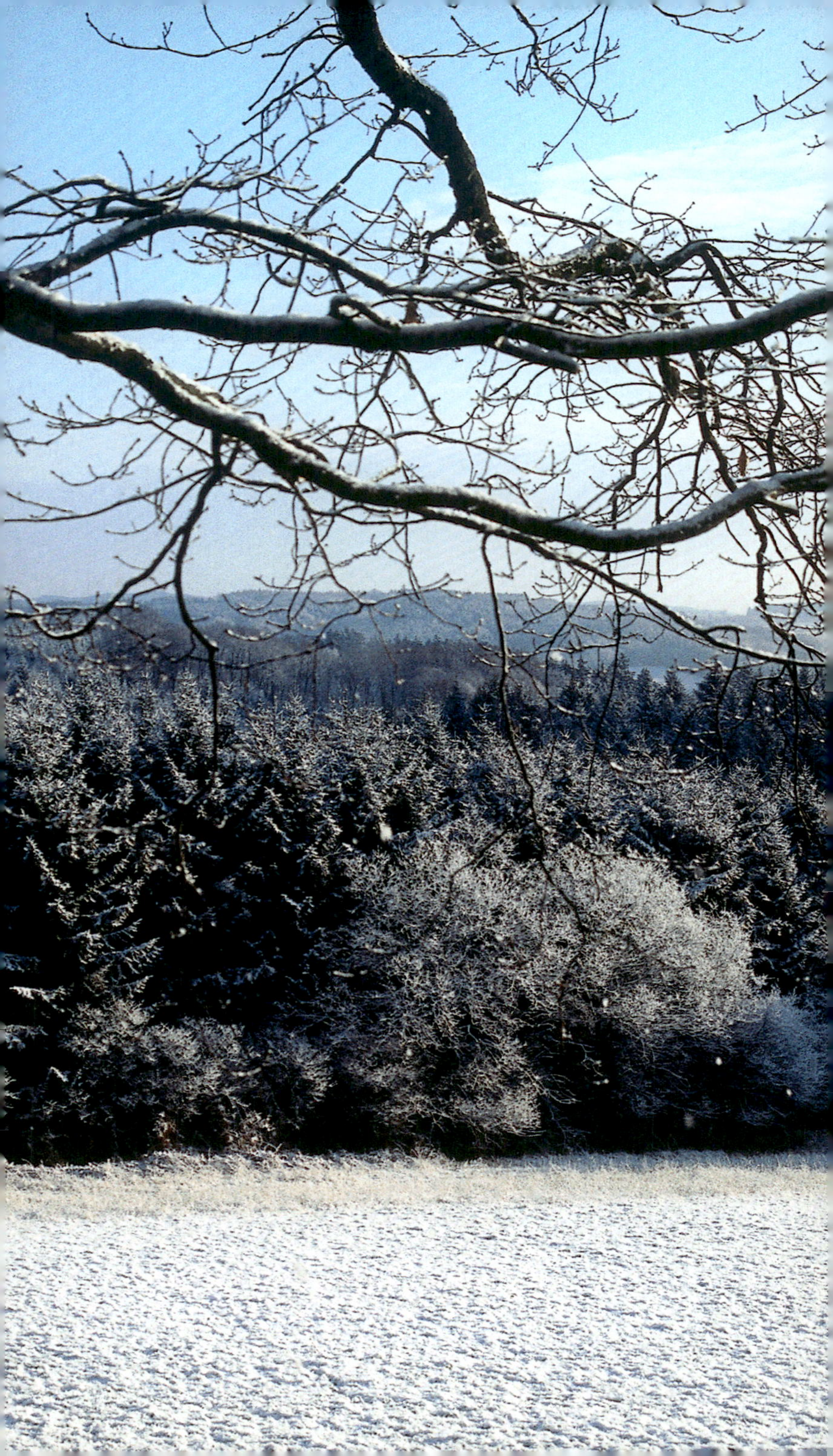

BITTE NICHT
STÖREN
PLEASE DO NOT
DISTURB
PRIÈRE DE NE
PAS DÉRANGER
ZIMMERAUSHANG · BEST.-NR. 910 · MUSTER GESCHÜTZT · A. RICK NACHF. · 532 BAD GODESBERG

II. Wochenendtouren

Wipperfürth: Hotel „Alte Mühle"

Dhünn: Hotel „Zu den drei Linden"

Wuppertal-Nord: Hotel Landgasthof „Auf dem Brink"

Haan-Gruiten: Hotel „Haus Poock"

Solingen-Burg: Hotel „Haus In der Straßen"

Langenfeld: Romantik Hotel Gravenberg

Altenberg: Hotel „Altenberger Hof"

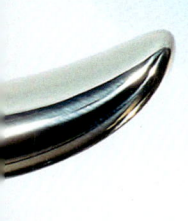

15. Wipperfürth: Rund um die Neyetalsperre Zur Bevertalsperre

Hotel-Restaurant „Alte Mühle"
Das Hotel mit seinem wunderschönen Ambiente liegt in der Abgeschiedenheit des Neyetals.
Die vielen Wandermöglichkeiten, die Ruhe, gutes Essen und Trinken haben es weit über die Stadtgrenzen hinaus bekannt gemacht.
Die Küche bietet saisonale Spezialitäten.

Neyetal 2, Wipperfürth
📞 0 22 67-8 86 90

Ü/F: EZ DM 120,-, DZ DM 180,-

🚗 In Wipperfürth von der B 237 in Richtung Neye abbiegen, in Neye nach etwa 200 m in Richtung Klitzhaufe nach rechts ins Neyetal.
Parkplatz: Am Hotel „Alte Mühle"

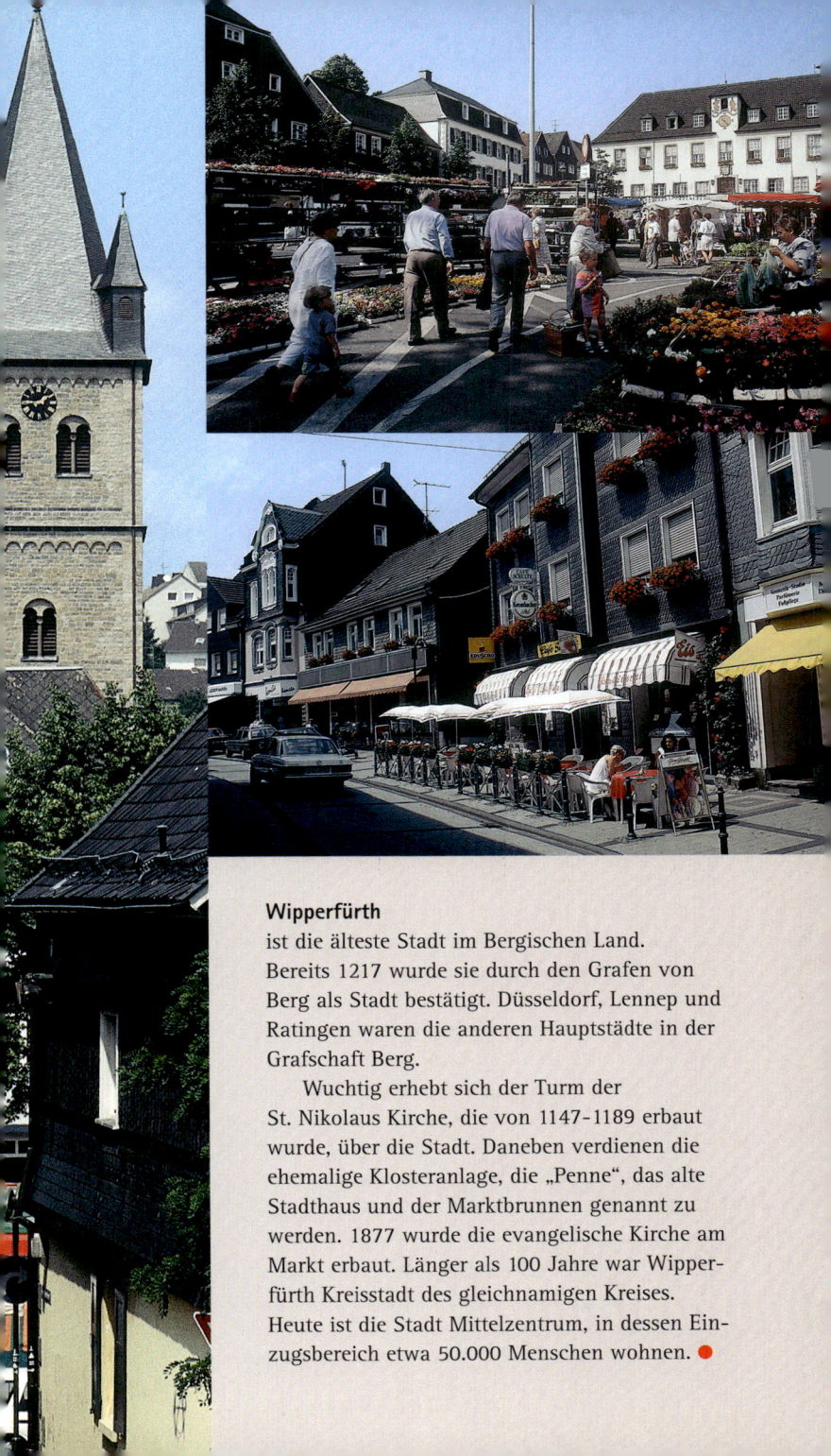

Wipperfürth

ist die älteste Stadt im Bergischen Land. Bereits 1217 wurde sie durch den Grafen von Berg als Stadt bestätigt. Düsseldorf, Lennep und Ratingen waren die anderen Hauptstädte in der Grafschaft Berg.

Wuchtig erhebt sich der Turm der St. Nikolaus Kirche, die von 1147-1189 erbaut wurde, über die Stadt. Daneben verdienen die ehemalige Klosteranlage, die „Penne", das alte Stadthaus und der Marktbrunnen genannt zu werden. 1877 wurde die evangelische Kirche am Markt erbaut. Länger als 100 Jahre war Wipperfürth Kreisstadt des gleichnamigen Kreises. Heute ist die Stadt Mittelzentrum, in dessen Einzugsbereich etwa 50.000 Menschen wohnen. ●

Rund um die Neyetalsperre

Direkt am Hotel beginnt die Wanderung. Über die Neyestraße geht es aufwärts bis zur Sperrmauer und wandert dann nach links um die Sperre. Natürlich kann die Wanderung auch umgekehrt begonnen werden.

Die Straße, die durch das Neyetal führt, ist eine alte Eisenbahntrasse, die für den Bau der Talsperre (1906-1908) angelegt wurde.

Die Neyetalsperre, eine Trinkwassersperre, die wassersportliche Aktivitäten nicht gestattet, ist wohl die landschaftlich reizvollste im Oberbergischen Kreis. Etwas oberhalb liegt das ehemalige Forsthaus. Dahinter die Neyetal-Werkstatt für den Forstbetrieb. Alle hölzernen Dinge, die im Forst der Ausbesserung oder der Erneuerung bedürfen, wie Bänke, Tische, Schutzhütten oder Brücken: hier werden sie repariert oder deren Teile neu geschaffen.

Jeder Seitenarm muss ausgewandert werden, immer bieten sich neue Ausblicke, manchmal liegen die Sperrmauer oder andere markante Punkte ganz nahe vor uns, wenig später scheinen sie meilenweit entfernt.

In einem solchen Seitenarm sieht man einen Wasserkunstbau. Es ist ein besonderer Auslauf, und zwar die Rohrleitung, durch die das Wasser der Bevertalsperre zugeleitet wird.

Die Ruhe, die die Menschen hier umgibt, ist zum Greifen nah'. Weil viele ältere Menschen diesen Weg bewandern, hat man das Fahrrad fahren verboten, ebenso das Reiten.

Der Wald besteht zu 2/3 aus Laub-, zu 1/3 aus Nadelbäumen. Vorherrschend sind Buche und Eiche. In den umliegenden Wäldern wird das Rehwild intensiv bejagt. Schwarzwild tritt wegen der vielen Menschen, die die Talsperre umwandern, nicht in Erscheinung.

Am Ende der Sperre wurde über lange Zeit eine Fischzucht betrieben. Heute sind nur noch die Teiche vorhanden; der Fischbestand ist stark zurückgegangen.

Wanderstrecke: 16 km = ca. 4 Std.
Wanderzeichen: ohne

Bald ist ein runder Turm erreicht. An diesem Punkt wird das Wasser der Silbertal- in die Neyetalsperre eingeleitet. Mehrere Wanderwege treffen auf den Uferweg oder verlassen ihn. Viel zu schnell kommt man wieder in die Nähe der Sperrmauer.

> Zu empfehlen ist, nach links zur Gaststätte „Zur Neyetalsperre" in der Hofschaft Großblumberg zu wandern. Zu jeder Jahreszeit lässt es sich hier gut sitzen, essen und trinken, sei es im Haus oder im Garten davor.
> ● Öffnungszeiten: Mi/Do 16.30–23 Uhr, Fr 11.30–23 Uhr, Sa/So 9.30–23 Uhr, Mo/Di Ruhetage.

Nach der Einkehr kehrt man zur Sperrmauer zurück, überquert diese und wandert zum Hotel.

Zur Bevertalsperre

Auch diese Wanderung beginnt bereits am Hotel. Wieder geht es hinauf zur Sperrmauer. Hier trifft man auf den **HWW X 28,** dem man nach links aufwärts folgt. Vorbei an der bereits erwähnten Forstwerkstatt geht es in den Wald hinein. Nach etwa einem Kilometer bleibt der Wald auf der linken Seite zurück und man hat einen schönen Blick zur Bevertalsperre. Am Wanderparkplatz erreicht man den Wipperfürther Rundwanderweg, der mit einem ◯ markiert ist und folgt diesem nach links. Rechts unten liegt nun die Bevertalsperre; bald ist man oberhalb der Sperrmauer. Bevor die Hofschaft Elberhausen erreicht wird, kann man die St. Anna-Kirche von Hämmern, ein Bauwerk von Prof. Gottfried Böhm, sehen. Rechts sind schon Teilbereiche von Hückeswagen zu erkennen. Die Hofschaft Elberhausen wird durchwandert; rechts unterhalb liegt die Hofschaft Steinberg. Links des Weges ist ein wunderschönes Gebäude mit einem runden Wehrturm errichtet worden. Nun senkt sich der Weg in das Tal der Wupper und in der Hofschaft Heide folgen wir dem Wanderzeichen nach links. Dieses verläuft jedoch bald nach rechts, und nun geht es ohne Wanderzeichen an der Straße entlang weiter. Rechts liegt der Flugplatz Wipperfürth, links am Hang die Ortschaft Neye. Nun überquert man die nach links verlaufende Straße und die Neye, die in einer Röhre unter der Straße hindurchgeführt wird und hält sich sofort links. Ganz leicht muss an der Neye und dem alten Obergraben entlang aufwärts gewandert werden. Zwischen dem ehemaligen Müttergenesungsheim und dem Hotel Alte Mühle wird die Straße erreicht. Nun sind es nach rechts nur noch einige Schritte bis zum Hotel.

Wanderstrecke: 12,5 km = ca. 4 Std.
Wanderzeichen: X 28, ◯

Die Bevertalsperre, in der 27,7 Mio. m³ Wasser aufgestaut werden, wurde in den Jahren 1935 bis 1938 gebaut. Bemerkenswert an der Talsperre ist, dass sie durch Stollen mit den ihr vorgelagerten Talsperren und Bächen verbunden ist, also mit der Neye- und der Schevelinger Talsperre, mit dem Schleisebach und der Hönnige. So entstand der Beverblock, dessen Einzugsgebiet 46,4 km² umfasst. Diese Anlage dient der Abwehr von Hochwassergefahren.

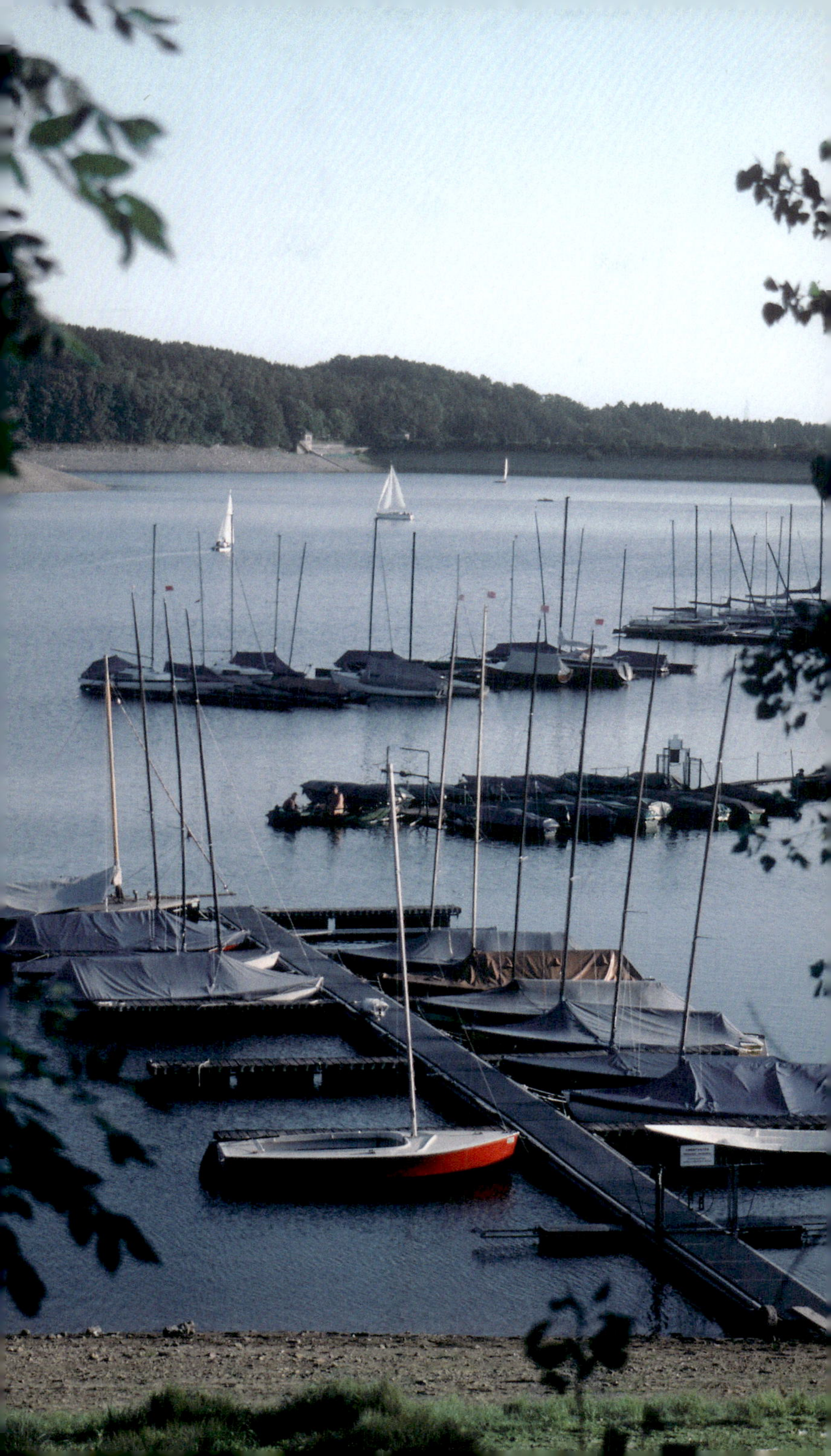

16. Dhünn: Wanderungen um die Vorsperren der „Kleinen" und „Großen Dhünn"

Hotel: „Zu den drei Linden"
Gutbürgerliches Hotel in der Ortsmitte von Wermelskirchen-Dhünn, unmittelbar neben der Kirche. Angeboten werden u.a. Gerichte der Bergischen Küche.

Staelsmühler Straße 1
Wermelskirchen-Dhünn
📞 0 21 96-8 03 43

Ü/F: EZ DM 55,- bis DM 95,-,
DZ DM 90,- bis DM130,-

● Öffnungszeiten: Mo und Mi-Fr 12-14 Uhr und von 17 Uhr bis der letzte Gast geht. Sa/So durchgehend geöffnet, Di Ruhetag

🚗 Von der B 506 zwischen Berg.-Gladbach und Wipperfürth in der Hofschaft Lindenberg abbiegen. Von Wermelskirchen und Scheideweg den Hinweiszeichen folgen.
Parkplatz: Hotel „Zu den drei Linden"

🚌 Von Hückeswagen und Wermelskirchen mit Linie 261/262 des VRS
Haltestelle: Dhünn

Rund um die Vorsperre „Kleine Dhünn"

Direkt am Hotel können wir unsere Wanderung beginnen. Wir wandern bergab und biegen hinter dem Haus Nr. 24 nach links ab. Recht bald sind wir im Talgrund, passieren das Ortsausgangsschild, überqueren die „Kleine Dhünn", wandern entlang der Straße nach rechts weiter und kurz danach von der Straße weg halbrechts. Die Straße verläuft nun links oberhalb, rechts unten fließt die „Kleine Dhünn". Etwa 30 m vor einer kleinen Brücke nach links abbiegen und leicht bergauf wandern. Am Rand einer Weide muss auf hölzernem Steg ein kleiner Bachlauf überquert werden. An einer Schutzhütte beginnt ein breiterer Weg, dem geradeaus zu folgen ist. In der Hofschaft Oberpilghausen weist das Wanderzeichen **A 1** den Weg. Nun wird ein von links kommendes kleines Tal durchquert. Vor einer Garage zeigt das Wanderzeichen nach rechts. Eine Schranke wird umgangen, dann kommt eine Steigung, die jedoch leicht zu bewältigen ist. In einer Mulde, die durchwandert werden muss, ist ein Bach, der unterhalb des Weges aufgestaut wird, zu überqueren. Der Weg wird schmal und führt an einer Pferdekoppel entlang in ein immer enger werdendes Tal hinein. Am Beginn des Waldes kommen wir nahe an den Bach heran und steigen weiter aufwärts. Vor einer oberhalb des Weges liegenden Weide geht es nach links, und schon sind die ersten Häuser der Hofschaft Oberberg zu sehen. Zwischen zwei Scheunen hindurch wandern wir in die Hofschaft und haben nach rechts einen wunderschönen Blick

Wanderstrecke: 7 km = ca. 3 Std.
Wanderzeichen: A 1, ○

16. Vorsperre „Kleine Dhünn"

16. Vorsperre „Kleine Dhünn"

16. Vorsperre „Kleine Dhünn"

über das gesamte Gebiet der Großen Dhünn-Talsperre. An der Kreisstraße 13 nach rechts einbiegen.

Wenn es im Bergischen Land ein Ober...- gibt, liegen Mittel...- und Unter...- nicht fern. So auch hier, denn wir kommen zur Hofschaft Mittelberg, die rechts neben der Straße liegt. Die Häuser der Hofschaft Unterberg stehen links neben der Straße. In dieser Hofschaft ist auf den Hinweis „Vorsperre Kleine Dhünn" zu achten, dem nach rechts zu folgen ist. Durch die Felder und entlang des Waldes wandern wir bergab und sind schnell an der Sperrmauer der Vorsperre.

▶ In die Vorsperre sind neben natürlichen Inseln sogenannte Schwimmkampen, künstliche Inseln eingebracht worden.
Sie dienen den Wasservögeln als Brut- und Rastplätze. Dass Gänse und Enten hier anzutreffen sind, ist für fast alle selbstverständlich. Dass aber auch Kormorane, Kanadagänse, Haubentaucher, die Schnatterente, die Teich- und Bläßrallen, ja sogar der bedrohte Eisvogel im Gebiet der Talsperre zu beobachten sind, das ist das Verdienst derer, die diesen neuen Lebensraum für die Wasservögel geschaffen haben und ihn unterhalten.

Wir wandern nach links in das Ledderbachtal hinein. Ganz leicht steigt der Weg an, wird auch nicht steiler, nachdem der Bachlauf überquert ist. Das ändert sich kurz vor und hinter einer nach rechts führenden Haarnadelkurve. Dann führt der Weg am oberen Rand eines Talkessels entlang. Wir kommen an einem Feld vorbei, durchwandern danach einen Waldstreifen, haben auf einem rechts gelegenen Plateau noch einmal die Möglichkeit, die Vorsperre „Kleine Dhünn" zu überblicken und sind nach kurzer Zeit im Talgrund. Nach links geht es weiter. An der Brücke, die nach Oberpilghausen führt, weiter geradeaus, entlang der begradigten „Kleinen Dhünn". Wir passieren den Wanderparkplatz Pilghausen und kommen neben dem Klärwerk Dhünn an die Verbindungsstraße von Dhünn nach Osminghausen, über die wir nach rechts wandern. Vorbei am beheizten Freibad, ebenso am Hotel und Restaurant Birkenhof, nach links zur Ortsmitte abbiegen und bald sind wir an unserem Hotel.

Rund um die Vorsperre „Große Dhünn"

In unmittelbarere Nähe des Wanderparkplatzes „Neumühle" ist eine Besonderheit zu sehen: die Sülzbeileitung.

> Talsperren erfüllen u. a. die Aufgabe des Hochwasserschutzes für die unterhalb liegenden Gebietsteile und Ortschaften. Dieser Schutz sollte auch für das Tal der Sülz gewährleistet werden. Um dieses zu erreichen, wurde ein rund drei Kilometer langer Stollen durch den Gebirgsrücken zwischen Sülz und „Kleiner Dhünn" getrieben. Jährlich wird von der Sülz eine mittlere Wassermenge von 12 Mio. m³ an die Vorsperre „Große Dhünn" abgegeben.

Vom Parkplatz nach links, die „Große Dhünn" überqueren und auf dem Gehweg neben der Landstraße weiter wandern. Am Ende des kurzen Gehweges ist an der Leitplanke die Markierung **A 1** zu sehen, der wir von nun an folgen. Nur kurze Zeit wandern wir neben der Straße, dann weist unser Zeichen nach links in ein Seitental. Nach einer Schranke geht es leicht aufwärts und an der nächsten Einmündung 180° nach rechts. Es geht immer weiter nach oben und schon bald sind wir einige „Etagen" höher über dem Tal. Eine Bergnase muss umwandert werden, um aus diesem Tal heraus zu kommen. Auf halber Höhe des Berges können wir auf einem ebenen Weg den Wald durchwandern. Rechts unten sind Teile der Vorsperre „Große Dhünn" zu sehen. Weiter geht es in ein kleines Seitental hinein und wenig später in einen dichten Nadelwald. Die Straße, die nach Laudenberg führt, muss in einer Kurve überquert werden, und die Wanderung geht im gegenüberliegenden Wald weiter. Der Weg windet sich nach unten; dabei muss mehrmals ein Bachlauf gequert werden. Nach wenigen Metern ein anderer Bach, der unterhalb der Hofschaften Häuschen und Laudenberg entspringt. Nun wandern wir auf einem breiten Weg durch den Wald. Links des Weges liegt ein Freifläche, an deren Rand eine recht komfortable Jagdkanzel errichtet wurde. Neben einer Weide muss wieder durch ein Seitental gewandert und dort ein Bach überquert werden. Links oberhalb die Hofschaft Häuschen. Kurz danach, an einer Wegkreuzung, treffen wir auf das Ⓚ, das den Rundwanderweg um Kürten (57 km) markiert. Zusätzlich weist ein Zeichen auf die „Vorsperre Große Dhünn -Staudamm" hin.

Wir wandern nach rechts, der breite Weg führt leicht abwärts. Wieder ist ein kleiner Bachlauf zu überqueren. Bald liegt die Hof-

---

Mit dem Pkw von Dhünn über Neuenhaus und Halzenberg zum Parkplatz „Neumühle".

Wanderstrecke: 11 km = ca. 4 Std.
Wanderzeichen: A 1, Ⓚ, (weißes) □

16. Vorsperre „Große Dhünn"

schaft Wolfsorth oberhalb von uns, halblinks die Hofschaft Dhünnberg. Zwischen Wiesen und Weiden wandern wir weiter und gelangen unterhalb der Hofschaft wieder in den Wald. Ein weiterer der vielen namenlosen Bäche muss überquert werden. Wald- und Freiflächen wechseln einander ab. Nun liegt ein relativ steiler Geländeteil vor uns. Vor dem nächsten zu überquerenden Bach ist auf der linken Seite eine kleine Buchenschonung angelegt worden. Rechts unten liegt der Staudamm der Vorsperre „Große Dhünn". Deutlich auszumachen ist die Hofschaft Kleinklev inmitten des Berghanges auf der anderen Seite. Ein Schild weist auf den Staudamm Vorsperre „Große Dhünn" hin, dem wir bergab folgen und stehen kurz danach auf der Sperrmauer. Nach links dehnt sich die Wasserfläche der Dhünntalsperre aus, rechts sind Teile der Vorsperre „Große Dhünn" zu sehen und vor uns die Sperrmauer der Vorsperre „Kleine Dhünn".

Nach dem Passieren der Mauer geht es nach links weiter. Nach wenigen Metern nach rechts auf einen breiten Uferweg abbiegen. Leichte Steigungen und Gefällstrecken wechseln einander ab. Rechts das Wasser und links der Wald: so geht es von nun an weiter. In der nächsten Linkskurve geht der Blick über das Wasser hinweg bis zum Ende der Vorsperre. Ein kleinerer Seitenarm muss umwandert werden, ein größerer liegt vor uns. Am Talschluss muss wieder ein Bach überquert werden. Inzwischen sind wir auf einem Abteilungswanderweg angelangt, der mit einem weißen □ markiert ist.

Wir nähern uns dem Ende der Vorsperre; im Wasser sind zwei besondere Sperrwerke angebracht worden. Das nun unten liegende Gelände der Vorsperre ist von mehreren Wasserarmen durchzogen. Die Berge rücken immer näher zusammen, und wir sind nicht mehr weit von der Talenge entfernt. Wir überqueren einen kleinen Bach, müssen noch ein Tor passieren und kommen gegenüber der Einfahrt zum Wanderparkplatz Neumühle an die Landstraße 409.

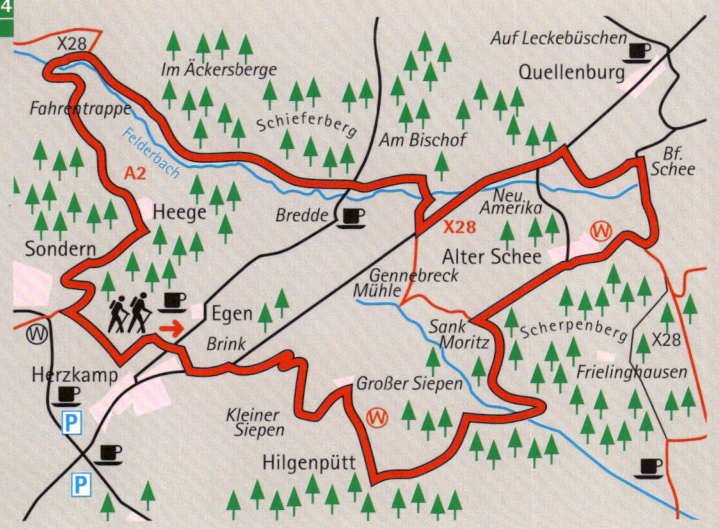

17. Wuppertal-Nord: Zum Hilgenpütt
Felderbach und Deilbach

Hotel Landgasthof „Auf dem Brink"
Der Landgasthof ist zwischen dem Ruhrgebiet und Wuppertal gut platziert. Hier, am Rande der „Elfringhauser Schweiz", lässt sich gut wandern und erholen. Das Preis-/Leistungsverhältnis ist in Ordnung; gutbürgerliche Küche, ausgezeichneter Weinkeller.

Elberfelder Straße 100, Sprockhövel
📞 02 02-25 26 20

Ü/F: EZ DM 70,-, DZ DM 95,-

● Öffnungszeiten: Täglich 11.30-23.30 Uhr, Di Ruhetag

🚗 Von der Autobahn A 46, Abfahrt W.-Wichlinghausen, erste Straße rechts (Märkische Straße) bis Herzkamp.
Parkplatz: Hotel Landgasthof „Auf dem Brink"

🚌 Von W.-Barmen mit Buslinie 332
Haltestelle: Herzkamp, Am Brink

Zum Hilgenpütt

Die Wanderung beginnt vor dem Hotel, denn hier verläuft der Wuppertaler Rundwanderweg (W). Vor dem Ortseingangsschild von Gennebreck biegt man nach rechts in die Straße Großer Siepen und Zur Hütte ein. Weiter unten geht es am Zaun der Kläranlage „Herzkamp" entlang und danach aufwärts. Links oberhalb liegt die Hofschaft Großer Siepen.

Ein kleiner Bachlauf muss überquert werden, rechts am Teich des Angelsportklubs Haßlinghausen entlang wird weiter gewandert. Langsam aber stetig geht's im Bachtal aufwärts, das Forstgebiet Hilgenpütt ist erreicht und auch die Wasserscheide zwischen Ruhr und Wupper.

Wieder überquert man einen Bachlauf, passiert eine Schranke und wandert nach links. Der Weg senkt sich relativ lang in das Tal des Felderbaches hinein. Ein örtlicher Wanderweg **(A 1)** biegt nach links ab. Hier muss geradeaus gewandert werden. Auf steinernem Weg wird der Felderbach überquert und man geht Richtung Scherpenberg. Ein Schild mit der Aufschrift „Restaurant/Café" weist zum Golfhotel Vesper hin. Der Wanderweg verläuft durch einen Golfplatz. Bald danach kommt man in die Herzkamper Mulde.

> Herzkampener Mulde: Hier traten die Kohlenflöze sichtbar an die Oberfläche. Die Sage von dem Hirtenjungen, der beim Feuermachen auf das „schwarze Gold" stieß, hat hier ihren Ursprung. Bereits zwischen 1450 und 1480 belegen Zeugnisse in Sprockhövel den Steinkohlenbergbau. Über 500 Jahre wurde er hier betrieben; 1969 wurde die bekannteste Zeche, die „Alte Hase" stillgelegt. Sprockhövel wird als die Wiege des Steinkohlenbergbaues bezeichnet. Das Wappen der Stadt zeigt ein Stollenmundloch mit Hammer und Schlegel.

Wanderstrecke: 12 km = ca. 4 Std.
Wanderzeichen: (W), X 28, (GB)

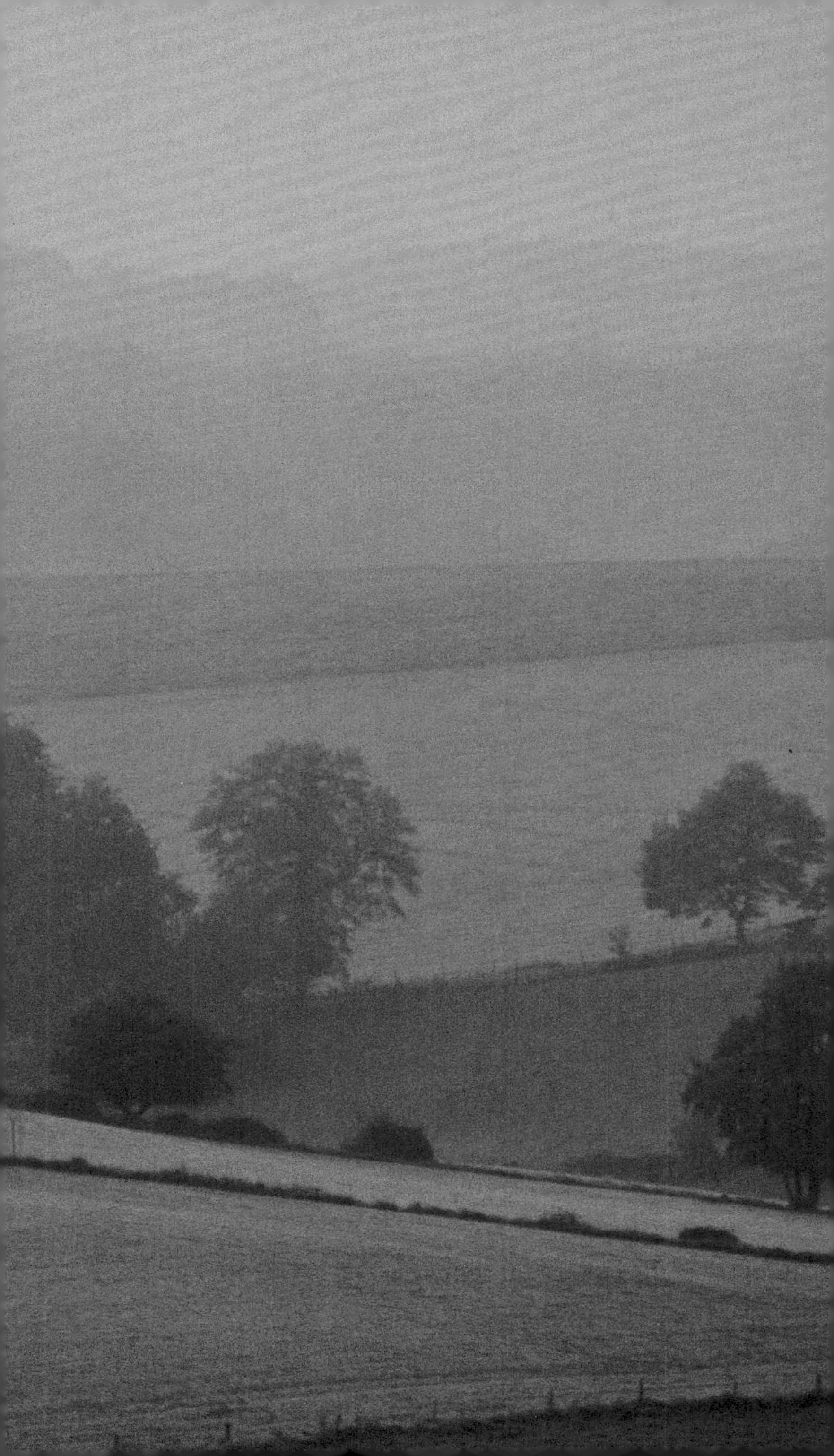

17. Zum Hilgenpütt

Dort kommt der Wanderweg mit dem **HWW X 28** zusammen und man wandert auf ihm auf die Hofschaft Alter Schee zu. Der Feldweg mündet in die Straße Auf dem Schee ein. Die typisch Bergische Hofschaft ist sehenswert. Bemerkenswert sind die Brunnenhäuser. Links am Weg liegt die „Scheune auf dem Schee", ein Museum und eine Sammlung für Natur- und Volkskunde. Eine Galerie und eine Werkstatt sind hier untergebracht; des öfteren finden Ausstellungen statt. Die Häuser sind mit Inschriften und Jahreszahlen versehen. So ist z.B. das Haus mit der Nr. 1 am 8. September 1797 erbaut worden.

Schon kommt der alte Bahnhof Schee in Sicht. Früher war hier ein kleiner Eisenbahnknotenpunkt. Außer dem Bahnhofsgebäude und dem Wasserturm erinnert nichts mehr an die Zeit der Dampfrösser. Die Stadtväter von Sprockhövel haben sich allerdings etwas Gutes einfallen lassen: Sie verwandelten die Bahntrasse in einen Wanderweg.

In Bahnhofsnähe verlässt man den **X 28**, wandert nach links am Bahnhof vorbei und biegt dann nach links in den Rothenberger Weg ein. Dieser führt zur Elberfelder Straße, der nach links gefolgt werden muss. Bald schon ist der **X 28** wieder erreicht, auf dem es nach rechts geht. Ein Bachlauf wird überquert, dann trifft man mit dem Felderbach zusammen und folgt diesem abwärts durch die Bredde und am Schieferberg vorbei. Unterhalb der Hofschaft Fahrentrappe stößt man auf den Hattinger Rundwanderweg (H) und bewandert diesen nach links. Der Felderbach muss überquert werden, dann geht es nach links in die Hofschaft hinein, der örtliche Wanderweg **A 2** ist nun maßgebend. Es geht aufwärts zur Hofschaft Heege, hinter der man mit dem Rundwanderweg von Gennebreck (GB) zusammentrifft. Durch den Wald wandert man weiter aufwärts, kommt wieder auf den Wuppertaler Rundwanderweg und folgt diesem nach links. Das (W) führt durch Herzkamp zum Hotel.

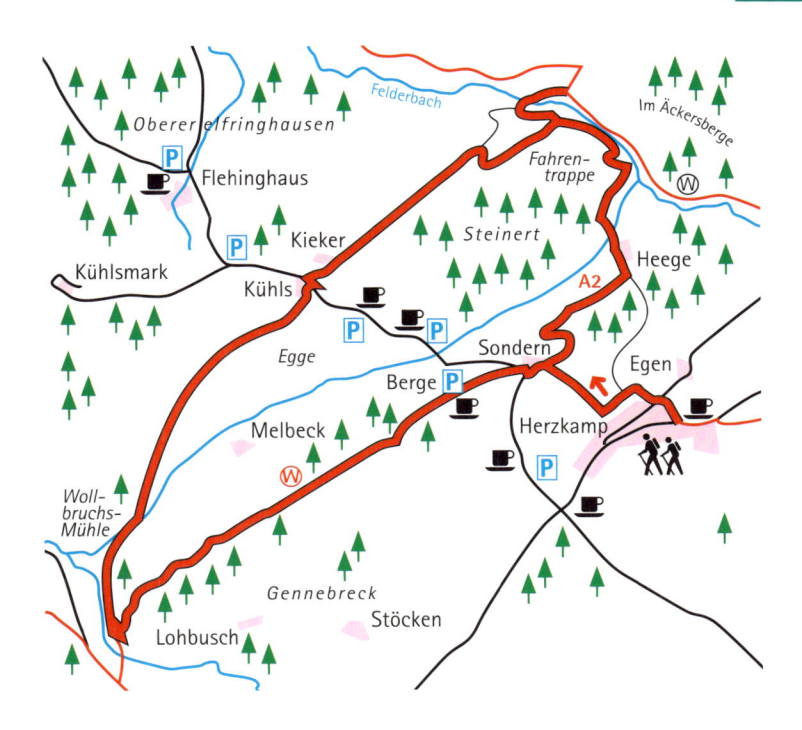

Felderbach und Deilbach

Auch diese Wanderung beginnt direkt vor dem Hotel. Diesmal geht es über den Wuppertaler Rundwanderweg zur anderen Seite. Bald lässt man, bergauf wandernd, die Ortschaft hinter sich und trifft auf den örtlichen Wanderweg **A 2**. Über die Straße Heege folgt man dem Wanderzeichen nach rechts, wandert bergab, erreicht recht schnell die Hofschaft Heege und einige Minuten später die Hofschaft Fahrentrappe oberhalb des Felderbaches.

Entlang der Felderbachstraße und innerhalb dieses Wandergebietes hat sich eine Gastronomie herausgebildet, die als hervorragend zu bezeichnen ist. Es lohnt sich, dieses Gebiet und seine Gasthöfe zu „entdecken".

Nun geht es aufwärts über die Straße Zur Fahrentrappe und bald überquert man die Felderbachstraße, um über den Dunkerweg weiter zu wandern. Links unten liegt die Hofschaft Melbeck, dahinter mit

Wanderstrecke: 11 km = ca. 4 Std.
Wanderzeichen: Ⓦ, A 2

17. Felderbach und Deilbach

> Der Deilbach (der Name hat den Wortstamm dillen, d.h. ständig hin und her fließen) trennte Sachsen und Franken, die Grafschaft Mark und das Herzogtum Berg, Rheinländer und Westfalen und die Regierungsbezirke Arnsberg und Düsseldorf. In Kupferdreh mündet er in die Ruhr.●

260 m über NN der Hackenberg. Nun senkt sich der Weg in das Deilbachtal und am Deilbachweg trifft man auf den Wuppertaler Rundweg. Diesem gilt es zu folgen.

Auf der anderen Bachseite stoßen neue Wanderzeichen hinzu, das Ⓗ des Hattinger- (59 km lang) und das ⓖⒷ des Gennebrecker Rundwanderweges. Über die Straße Lohbusch geht es nach rechts in ein Landschaftsschutzgebiet hinein und dann aufwärts zu dem bereits erwähnten Hackenberg.

▶ Die Elfringhauser Schweiz, manchmal kann man sie von hier oben überblicken, gehört zum Bergisch-Märkischen Erholungsgebiet, das von Hattingen, Sprockhövel, Wuppertal und Velbert begrenzt wird. Der Zweckverband dieses Gebietes hat seinen Sitz in Velbert.

Der Blick wird auch nach rechts frei, und man sieht die Bebauung von Herzkamp mit der Kirche im Mittelpunkt. Links des Weges liegt ein Biotop. Das Wanderzeichen führt weiter über diesen aussichtsreichen Höhenweg, links im Tal liegt die Hofschaft Melbeck und man kommt an die Elfringhauser Straße. Diese muss überquert werden, dann geht es sofort wieder nach links in den Weg „Sondern" hinein. Auf der linken Seite endet der Zaun, und nun geht es nach rechts abwärts in eine Mulde. An zwei starken Pfählen und einer links stehenden Hecke muss nach links abgebogen werden. Rechts steht eine Lärche mit einem Hochsitz. Hier biegt der Weg nach rechts ab und führt an die Straße Heege. Ein Rinnsal wird überquert, und durch einen Hohlweg geht es wieder einmal bergauf. Die zu Herzkamp gehörende Hofschaft Egen ist rasch durchwandert und bald ist der Endpunkt der Wanderung, das Hotel erreicht.

18. Haan-Gruiten: Durch Gruiten-Dorf ins Düsseltal Entlang der Kleinen Düssel und durch Dolinengebiet

Hotel Haus Poock

Als Haus zwischen Großstädten, so stellt sich das Hotel Haus Poock selbst vor. Die in unmittelbarer Umgebung liegenden Wandermöglichkeiten machen das Hotel zu einem idealen Ausgangspunkt für Wochenendwanderungen.

Osterholzer Straße 83, Haan
☎ 0 21 04-9 69 20

Ü: EZ DM 85,-, DZ DM 142,-
Für das Frühstück werden pro Pers. DM 10,- berechnet.

Neben vielen anderen Gerichten bietet die Küche Bergischen Pillekoken mit den unterschiedlichsten Beilagen an.

Rezept nach Großmutters Art (für 6-8 Pillekoken):
2-2,5 Pfund dicke rohe Kartoffeln in 3 mm dünne und 3-4 cm lange Streifen (=Piller) raspeln. Salz und Pfeffer nach Geschmack zugeben, 3-4 Eier, 1-2 Esslöffel Weizenmehl und 4 große geriebene Zwiebeln unterrühren. In der Pfanne werden die Pillekoken in gutem Öl von beiden Seiten goldbraun gebacken. Dazu können Salate, Pilze, Gemüse, Fleisch oder Fisch gereicht werden.

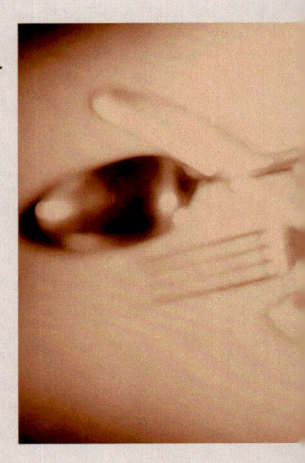

🚗 Von Gruiten oder W.-Vohwinkel über die Osterholzer Straße.
Parkplatz: Hotel Haus Poock

🚌 Von Velbert mit Buslinie 641
Haltestelle: Rosenbaum

⭐ Sehenswürdigkeit: Gruiten-Dorf

Durch Gruiten-Dorf ins Düsseltal

Vom Hotel aus wandert man entlang der Osterholzer Straße nach rechts in Richtung Gruiten. Rechts, etwas abseits der Straße, liegt die Grube 7, ein ehemaliger Kalksteinbruch. Kurz vor Gruiten-Dorf wird die Kleine Düssel überquert, danach die Pastor-Vömel-Straße. Nach links geht es weiter bis zur Prälat-Marschall-Straße, in die nach rechts eingebogen werden muss. Schon befindet man sich im Ortskern mit seinen vielen geschichtsträchtigen Häusern.

Die Prälat-Marschall-Straße biegt nach links aufwärts ab, bringt den Wanderer zur Kalkstraße, der nach rechts bergauf bis zum Gaudigweg gefolgt werden muss. Auch hier geht es weiter nach rechts, dann ist man „auf der Höhe" und biegt dort nach rechts in die Düsselberger Straße ein. Links befindet sich das Gewerbegebiet Fuhr. Die Sinterstraße stößt von rechts auf die Düsselberger Straße. Nun muss nach links weiter gewandert werden. Die Straße führt abwärts zu den Hofschaften Ehlenbeck und Lindenbeck. Von der Quallerheide fließt der Ehlenbeck zur Düssel hin. Sein lehmig-gelbes Wasser deutet auf einen gewissen Eisengehalt des Bodens hin.

In Richtung Düsseltal wandert man weiter, folgt dabei dem Hinweis zur Winkelsmühle.

> Die Gaststätte „Im Kühlen Grunde", früher ein beliebter Treffpunkt der Arbeiter aus dem Steinbruch und an den Kalköfen, bietet sich zur Rast an.
> ● Öffnungszeiten: Mi-Fr ab 16 Uhr, Sa/So ab 11 Uhr, Mo/Di Ruhetage.

Wenig später ist in der Hofschaft Bracken die Düssel erreicht. Sie wird überquert und es heißt der ◊ **4** nach rechts zu folgen. Zunächst geht es ein wenig bergauf und dann nach rechts in einen Wald hinein. Der Weg führt uns sofort wieder abwärts, nochmals muss das Flüsschen überquert werden, dann wird der Weg breiter und bequemer. Rechts liegt die Bracker

---

Gaststätte „Im Kühlen Grunde"

Wanderstrecke: 8 km = ca. 3 Std.
Wanderzeichen: BZW mit der ◊ 4

Gruiten,

seit 1975 Stadtteil von Haan, ist eine der „Perlen" im Bergischen Land. Die Siedlung ist fränkischen, wenn nicht gar vorchristlichen Ursprungs.

Einer aufwendigen Restaurierung, die mit viel Engagement aller Beteiligter betrieben wurde, ist es gelungen, den mittelalterlichen Dorfteil mit seinem Umfeld der Nachwelt zu erhalten. Gute baupolitische Entscheidungen haben dazu beigetragen, dass Neubauten und Siedlungen an das Dorf anschließen und die Verbindung mit dem übrigen Ort herstellen. Der sehr engagierte Bürger- und Verkehrsvereins Gruiten e.V. hat an den historischen Bauten Informationstafeln anbringen lassen und ein Geschichtslehrpfad eingerichtet. ●

Mühle und sehr bald ist rechts eine Ausbuchtung, ein ehemaliger Steinbruch zu sehen. Die Natur hat sich das gesamte Gebiet zurückerobert, selten gewordene Tier- und Pflanzenarten sind in diesem Talabschnitt zu finden. In einer weiteren Ausbuchtung zur Linken ist eine Kläranlage des Bergisch-Rheinischen Wasserverbandes errichtet worden. Rechts liegt der Hof Im Grund. Er gehört zu den alten und großen Höfen. Eine Urkunde, die im Düsseldorfer Hauptstaatsarchiv zu finden ist, nennt den Hof erstmals im Jahre 1389.

Nach links geht es ein kurzes Stück über die Sinterstraße weiter, dann muss vor der Brücke nach rechts abgebogen werden. Unmittelbar neben der Düssel führt der Weg an einer neuen Siedlung entlang. Auch hier stand einst einer der großen Höfe Gruitens: Heinhausen.

Die Wanderung führt über den Heinhauser Weg, vorbei an der ehemaligen Heinhauser Mühle und weiteren historischen Bauten, dem Offers und dem Doktorhaus.

Links steht der Turm der alten Kirche, davor die Welsche Mauer. Die Mettmanner Straße wird überquert und das Wanderzeichen weist in die Straße Weinberg und führt zur Umgehungsstraße. Auch diese

18. Durch Gruiten-Dorf ins Düsseltal

muss überquert werden, und auf der gegenüberliegenden Seite führt der Weg, begleitet vom Düsselbach, am ehemaligen Bruch 7 der Kalksteinwerke Dornap vorbei. Die Hofschaften Düsseler Mühle, Post Düssel und Gut Hermgesberg werden durchwandert. Auf der anderen Talseite liegt die Hofschaft Pelzers. Überall sind Hinweise auf den ehemaligen Steinbruch zu erkennen, seien es riesige Steinbrocken, größere Lagerflächen oder nicht entfernte Geräteteile.

In der Hofschaft Hermgesberg, heute eine Quater-Horse-Ranch, wandert man etwas oberhalb des Düsselbaches und trifft mit dem Wuppertaler Rundwanderweg zusammen.

Im Düsseltal sind Relikte einer ehemals vorbildlichen Wasserhaltung und -verteilung zu bewundern. Viele Mühlen wurden von der Kraft des Wassers getrieben, und die erhalten gebliebenen Reste der Kunstbauten erzählen vom Fleiß und der harten Arbeit unserer Vorfahren.

Nach diesem Abstecher wird zur Hofschaft Hermgesberg zurück gewandert und dort jetzt nach links aufwärt über den Wuppertal Rundwanderweg (W) bis zum Hahnenfurther Weg. Hier muss dem

Abstecher nach Schöller: Von Siepen aus sind die Türme von Schöller zu sehen, seit 1975 zu Wuppertal gehörend. Um in den Ort zu gelangen, muss eine leichte Steigung überwunden werden. Besonders sehenswert sind die kleine Kirche mit ihrem aus dem 12. Jahrhundert stammenden Turm und der Friedhof. Schöller ist im Bergischen Land die älteste evangelische Gemeinde (1530). Berühmte Männer wurden hier geboren:
Rütger I. von Schöller war Marschall am herzoglichen Hofe.
J. F. Benzenberg, bedeutender Astronom des ausgehenden 18. Jahrhunderts.
Konrad von Heresbach, einer der bekanntesten Humanisten seiner Zeit, der enge Verbindungen mit Phillip Melanchthon und Erasmus von Rotterdam unterhielt, wurde Erzieher des Kronprinzen Wilhelm am Hofe des Herzoges von Berg. ●

(W) nach rechts gefolgt werden. Dort, wo der Wanderweg nach links verläuft, geht es über die Straße weiter und an einer Wegkreuzung nach halbrechts. Sehr bald wird die ehemalige Umgehungsstraße der Grube 7 überquert. Danach ist dem Hinweis zum Restaurant und Café „Haus Poock" zu folgen.

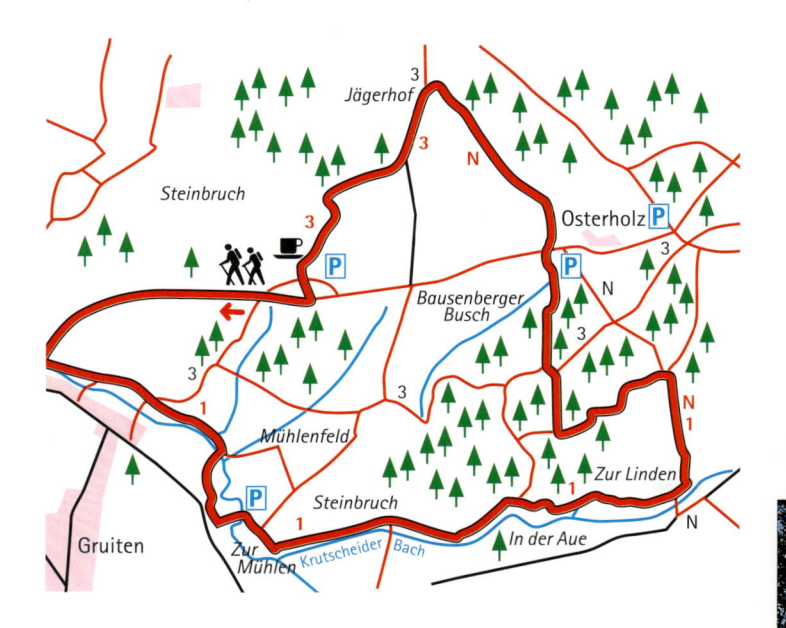

Entlang der Kleinen Düssel und durch Dolinengebiet

Auch diese Wanderung führt zunächst in Richtung Gruiten-Dorf. An dem Punkt, an dem die Kleine Düssel überquert wird, zeigt der Hinweis „Wanderweg" nach links. Die Kleine Düssel hat ihren Ursprung im Bolthauser Graben und mündet im Dorf in die Düssel. Nun wandert man etwas oberhalb des Baches durch die Hofschaften Weilenhaus, Vockenhaus, quert den Bach und kommt in der Nähe von Scheifenhaus und Zur Mühlen an die Straße, die Gruiten mit Vohwinkel verbindet. Nachdem man nach links dem Wanderzeichen **A 1** folgt, muss die Kleine Düssel nochmals gequert werden. Wieder ist ein Bach der Begleiter, diesmal der Krutscheider Bach. Diesem muss gefolgt werden und oberhalb der Hofschaft Birschels wird eine Asphaltstraße gequert, über die einstmals die Kalktransporter rollten. Hier ist die Vohwinkeler Talsenke, eine der ältesten Straßen im Kreis Mettmann erreicht.

Wanderstrecke: 9 km = ca. 3 Std.
Wanderzeichen: A 1, (N), (W)

18. Entlang der Kleinen Düssel

> Vohwinkeler Talsenke: Römer und Franken benutzten diese Verbindung, um vom Rhein gegen die Sachsen vorzudringen. Immer wieder schlugen sie in Haan ihr Heerlager auf. Darauf und in dem damit verbundenen Marketenderwesen gründet die Tradition der Haaner Kirmes.

Oberhalb des Krutscheider Baches führt der Weg zum Hof Zur Linden und kommt dort mit dem Wanderweg der Naturfreunde **(N)** zusammen. Diesem Zeichen muss nun aufwärts gefolgt werden. Es geht am Gewerbegebiet Simonshöfchen vorbei. Im nahen Wald trifft man auf den Wuppertaler Rundwanderweg **(W)**. Dieses Zeichen markiert einen mehr als 100 km langen Wanderweg um die Bergische Metropole und führt u. a. durch das Osterholz, ein Waldgebiet mit schönem Baumbestand, in dem man immer wieder auf Spuren der Kalksteinindustrie stößt. Wer aufmerksam durch dieses Gebiet wandert, dem werden die Dolinen nicht verborgen bleiben.

Dolinen sind schüssel- oder trichterförmige Vertiefungen in Karstgebieten. Sie sind unterschiedlich groß und entstehen durch die Lösung oberflächlichen Kalkgesteins oder durch den Einsturz von Höhlen.

Über den Wuppertaler Rundwanderweg geht es weiter und bald wird die Osterholzer Straße in der gleichnamigen Hofschaft überquert. Ein wenig nach links, dann wieder nach rechts und nun wandert man leicht bergab weiter. Schon bald, etwas unterhalb des Parkplatzes Hermgesberg, liegt der Hahnenfurther Weg. Ist dieser erreicht, hält man sich links, wandert entlang des Weges, bleibt an der nächsten Kreuzung halbrechts und kommt zur ehemaligen Umgehungsstraße der Grube 7. Nun folgt man dem Hinweis auf das Haus Poock und ist bald wieder am Ausgangspunkt dieser Wanderung.

19. Solingen-Burg: Rund um die Sengbachtalsperre
Unterburg, Wupper und Eschbach

Historisches Gasthaus & Hotel „Haus In der Straßen"
Das Gasthaus wurde 1673 erbaut.
Die bleiverglasten Fenster, die lodernden Kamine
und das Eichengebälk strahlen echte Behaglichkeit aus.
Inmitten der Gaststube steht ein Ziehbrunnen. Eine
reichhaltige Waffensammlung aus altem Familienbesitz, alte Standuhren und Fotos aus längst vergangenen
Tagen wecken Erinnerungen.

Wermelskirchener Straße 12, Solingen
📞 02 12-24 20 90

Ü: EZ DM 112,-, DZ DM 180,-
Für das Frühstück werden pro Pers. DM 12,- berechnet.

Neben nationalen und internationalen Gerichten kann man hier die
Bergische Kartoffelsuppe genießen.

Bergische Kartoffelsuppe (für 4 Personen)
500 g rohe Kartoffelwürfel
200 g feingewürfelte Sellerie, Möhren und Lauch
1,5 l Brühe, 100 g geräucherte, durchwachsene Speckwürfel
2 Räuchermettwürste in Scheiben und gehackte Petersilie als Einlage

Kartoffeln, Speckwürfel und Mettwürste in der Brühe zum Kochen
bringen, nach etwa 10 Minuten das Gemüse hinzufügen und weitere
10 bis 15 Minuten kochen lassen.
Mit Salz, Pfeffer und Majoran würzen.

🚗 Von Solingen, Remscheid oder Wermelskirchen den Hinweiszeichen folgen. A 1
Abfahrt Schloss Burg/Wermelskirchen (98).
Parkplatz: Hotel „Haus In der Straßen"

🚌 Von W.-Vohwinkel mit Linie 653
und von Remscheid mit Linie 683
Haltestelle: Brücke-Burg

⭐ Schloss Burg,
Bergisches Heimatmuseum in der Burg

🍽 Restaurant Wiesenkotten

Rund um die Sengbachtalsperre

Vom Hotel aus zunächst zum Parkplatz der Burg. Wir halten uns links und sehen dann das Wanderzeichen **A 1**. Hinter der Hausecke ist man schon im Grünen und kommt bald zum „Diedrichstempel", der in halber Höhe des Berges mitten im Wald liegt. Im Deckengewölbe sind die Wappen der umliegenden Städte zu sehen.

Wir wandern weiter, zunächst bergab, dann wieder aufwärts und treffen im Wald auf den Klingenpfad. Bald sind wir in der Hofschaft Angerscheid und folgen dem (S) nach rechts. Etwas unterhalb des Höhrather Forsthauses kommen wir mit dem **HWW 29** des SGV zusammen und folgen diesem und dem (S). Über einen Forstweg wird der Rundweg um die Sengbachtalsperre erreicht.

Der Weg ist breit und gut ausgebaut. Wunderschöne Aussichten eröffnen sich. Wir überqueren den Sengbach, der der Sperre seinen Namen gibt. An der Autobahn A 1 kommt man an den südlichsten Punkt des Klingenpfades. Hier muss der von Hilgen herunterfließende Bruchermühlenbach überquert werden; der HWW verlässt den Klingenpfad.

Das Gebiet um die Sperre herum dient allein der Wasserversorgung; es wird auch immer mehr zu einem Naherholungsgebiet. Die Talsperre, ein riesiges Biotop in schöner Landschaft, und der Ufergürtel dienen vielen Pflanzen- und Tierarten als Refugium.

Durch schöne Waldbestände wird bergab und bergauf entlang an der Südwestseite der Sperre gewandert; zunächst über den Sachs-Weg, dann über den Schmitz-Lenders-Weg bis schließlich die Sperrmauer erreicht ist.

Wir kommen wieder mit dem **HWW X 19** zusammen, folgen diesem nach rechts über die Sperrmauer aufwärts nach Höhrath und weiter zurück nach Oberburg zum Hotel.

Wanderstrecke: 11 km = ca. 4 Std.
Wanderzeichen: A 1, X 29, (S), X 19

102
19. Rund um die Sengbachtalsperre

19. Rund um die Sengbachtalsperre

Sengbachtalsperre
1898 beschloss der Rat der Stadt Solingen den Bau einer Talsperre. Fast 5 Jahre dauerten die Bauarbeiten, bevor am 28.5.1903 die Sperre eingeweiht wurde. Die Staumauer aus Bruchsteinen ist fast 43 m hoch und 178 m lang. Sie staut 3 Mio. m^3 und dient in bescheidenem Maße der Stromversorgung. ●

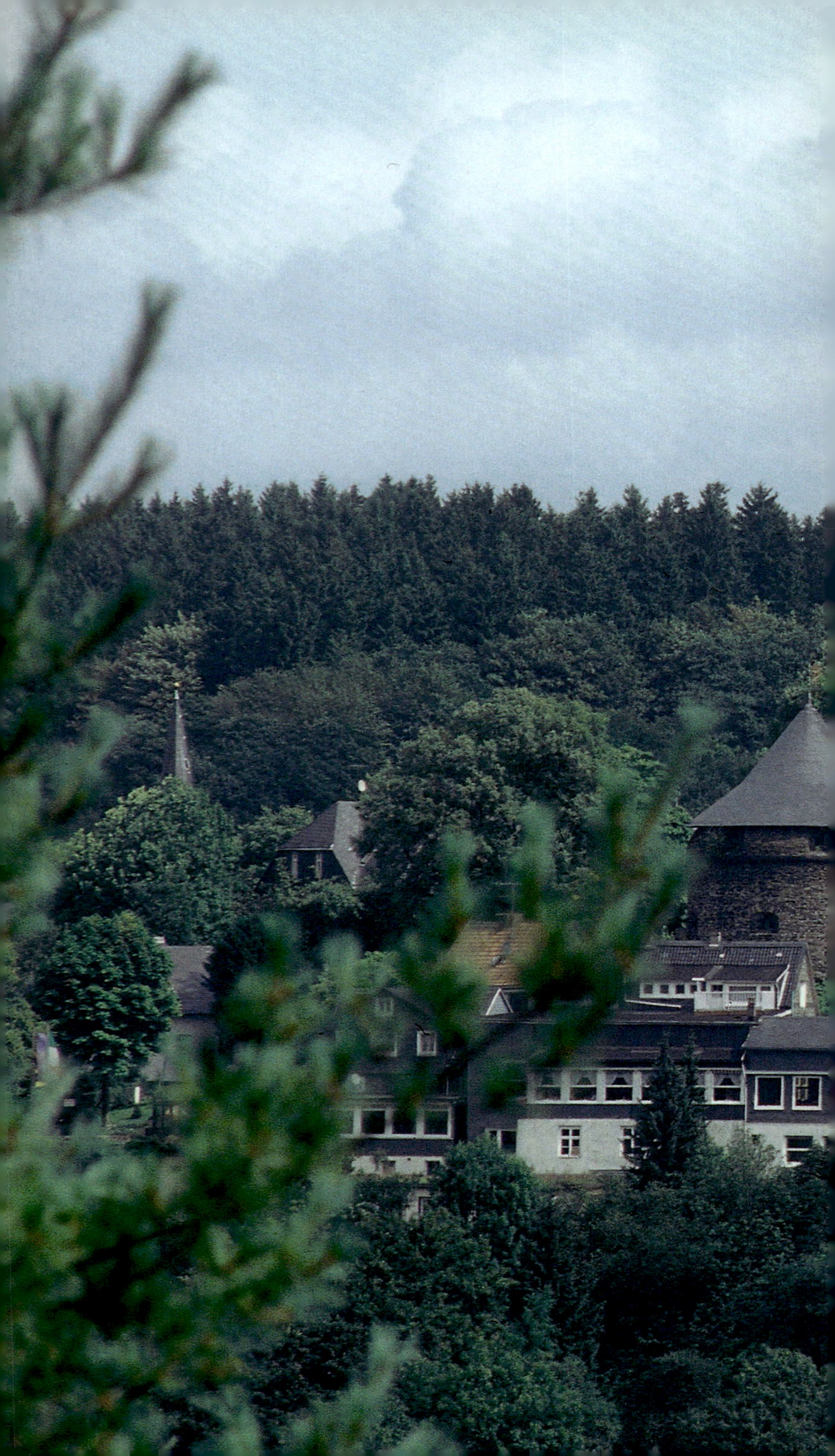

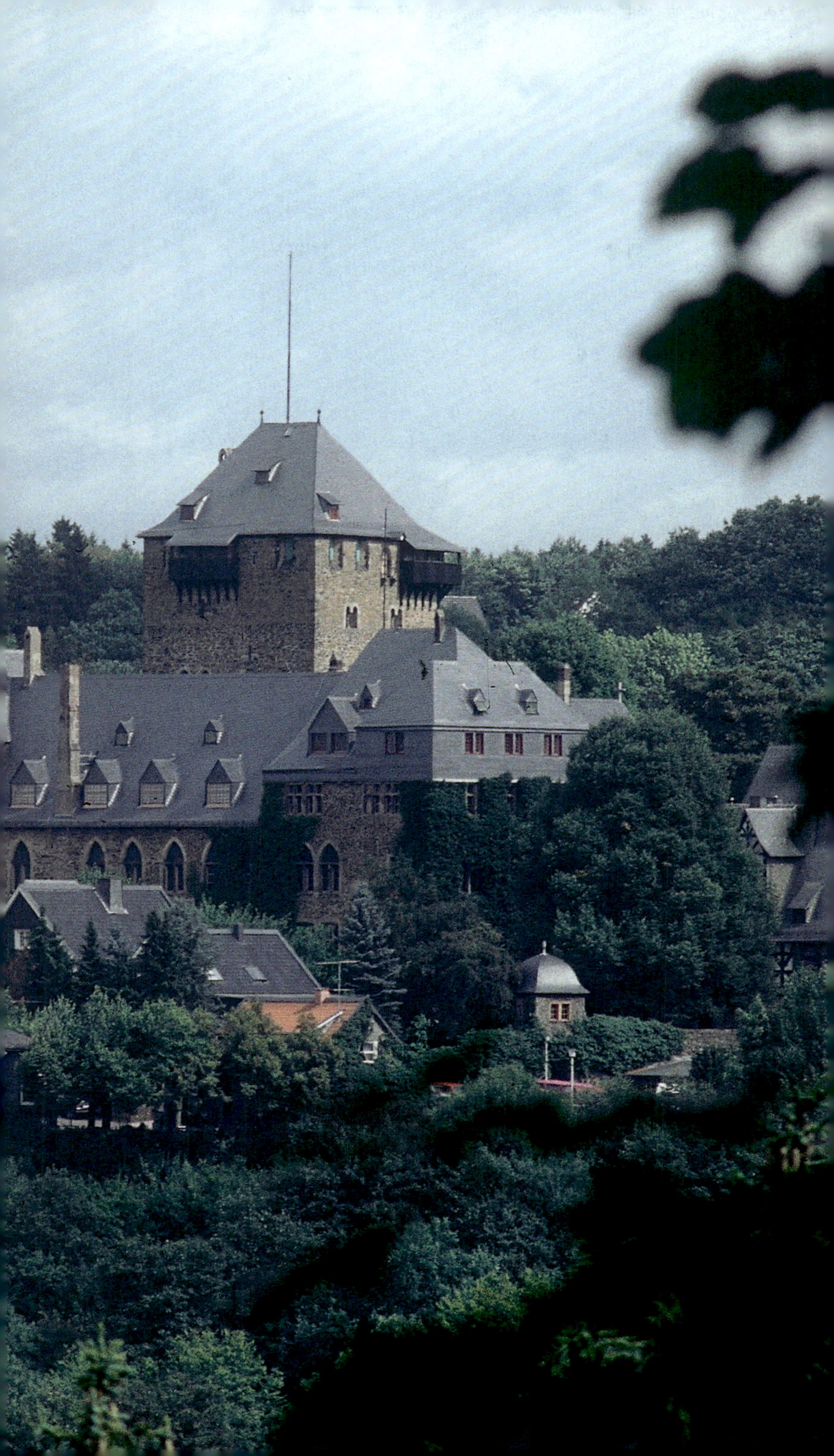

Unterburg, Wupper und Eschbach

Vom Hotel aus gehen wir durch die Burganlage zur Sesselbahn und genießen die Fahrt nach Unterburg. Nach dem Ausstieg überqueren wir die Hasenclever- und die Solinger Straße und wandern gegenüber des ehemaligen Burger Rathauses nach rechts, um dem Wanderzeichen **X 29** bergauf zu folgen. Rechts unter uns liegt Unterburg. Es lohnt sich, hin und wieder zurück zu schauen, denn an einem Punkt kann die gesamte Schlossanlage überblickt werden. Ein Autowanderparkplatz muss überquert werden und an der Burger Landstraße geht es nach rechts. Wenig später weist das Wanderzeichen nach rechts und führt uns in kurzer Zeit an die Wupper zum Restaurant Wiesenkotten. Hier verlassen wir den **HWW X 29** und folgen nun dem (S) entlang des Flusses nach rechts.

> Wer nur eine kurze Wanderung machen möchte, der sollte auf der Straße bleiben und an der evangelischen Kirche von 1781 vorbei nach Unterburg hinein wandern. Beim Erreichen der Eschbachstraße rechts haltend gelangt man kurz danach wieder zur Seilbahn, um nach Oberburg zu „entschweben". Dabei spart man gut eine Stunde Zeit. Man kann allerdings auch hinter dem Gebäude der Stadtsparkasse nach links über die Schlossbergstraße aufwärts nach Oberburg wandern.

Wer eine längere Wanderung bevorzugt, biegt im Tal der Wupper an dem Punkt nach links ab, an dem das (S) bergauf zeigt. Im Wald wird nach einigen Serpentinen die Anhöhe an der Westhausener Straße erreicht. Rechts liegt das Naturschutzgebiet Ober der Lehmkuhle.

> Naturschutzgebiet Ober der Lehmkuhle: Seit 1978 ist dieses Naturschutzgebiet im Landschaftsplan ausgewiesen. Bedeutsam ist der Bestand an Schwarzdorn. 10 Brutvogelarten und 400 Arten von Großschmetterlingen leben hier, finden Nahrung in einer ihnen gemäßen Umgebung.
> 170 Pflanzenarten können sich in diesem Gebiet ungestört entfalten.

Am Hang entlang geht es hoch über dem Eschbachtal weiter. Auf dem nun folgenden Weg verlaufen die Rundwanderwege von Remscheid und Solingen gemeinsam. Allerdings nicht lange, denn bald

Wanderstrecke: 10 km = ca. 3 Std.
Wanderzeichen: X 29, (S)

Seilbahn Burg
Hasencleverstraße 2, Solingen
📞 Talstation: 02 12 - 4 22 64
Fahrtzeiten täglich 10-18 Uhr bzw.
bis Einbruch der Dunkelheit.
Jan./Febr./Dez. nur Sa/So 🔴

weist das Ⓢ nach rechts, und es muss auf einem schmalen Weg steil bergab gewandert werden. Im Tal kommen wir an der Eschbachstraße zum historischen Luhnshammer. Wir überqueren Straße und Bach, wandern am Hammer vorbei und nach rechts zur Burgtalfabrik. Hinter der Fabrik wird der **HWW X 19** gekreuzt. Halblinks geht es weiter, diesmal bergauf durch das Sellscheider Bachtal bis auf die Höhe bei Neuenflügel an der Stadtgrenze zu Wermelskirchen und an den ostwärtigsten Punkt der Klingenstadt. Die Wermelskirchener Straße muss überquert werden und es geht über die Straße Hummelsburg weiter. Am Sportplatz von Oberburg geht es nach rechts und über die Hörather Straße kommen wir zur Wermelskirchener Straße. Nach links abwärts steht man sehr bald vor dem Hotel.

Alljährlich finden auf Schloss Burg Ritterspiele statt, die die Bergische Ritterschaft und die Georgsritter veranstalten. Das Spektakel um die alten Rittersleut' fasziniert nicht nur Kinder.
Interessant ist auch der Handwerkermarkt, der innerhalb der Burg abgehalten wird.
● Infos unter ☏ 02 12–2 42 26 26

Schloss Burg

Von hier aus wurde über Jahrhunderte die deutsche und teilweise auch europäische Geschichte bestimmt und beeinflusst. 1113 von Graf Adolf I. von Berg erbaut, „durchlebte" sie bis heute eine wechselvolle Geschichte. Rund 125 Jahre nur hat es in der Burg ein Bergisches Geschlecht gegeben. In den auf Engelberts Tod folgenden Jahrhunderten wechselten die Dynastien: auf die Limburger folgten die Jülicher, dann die Clever und schließlich verschiedene Pfälzer Linien, bis das Land 1803 an einen Bayern fiel. Zuerst Grafschaft, ab 1380 Herzogtum und schließlich Großherzogtum. Was über den Untergang aller erhalten blieb, war der Name: „Bergisches Land". ●

19. Unterburg, Wupper und Eschbach

Das **Bergische Museum**
auf Schloss Burg gibt Einblicke in die Geschichte der Region, das Leben mittelalterlicher Burgbewohner und die Wohnkultur in bergischen Bürgerhäusern.

Schlossplatz 2, Solingen
📞 02 12-2 42 26 /0

- Öffnungszeiten: Di-Sa 10-18 Uhr, Mo 13-18 Uhr
  November-März: Di-Fr 10-16 Uhr,
  Sa/So 10-17 Uhr, Mo Geschlossen.
- Eintrittspreise: Erwachsene DM 6,-, Kinder/Schüler DM 3,-

19. Unterburg, Wupper und Eschbach

111

20. Langenfeld: Wir umwandern Wiescheid Durch die Sandberge

Romantik Hotel Gravenberg
Im Romantik Hotel Gravenberg, das seinen Namen zu Recht trägt, verbinden sich bergische Gastlichkeit mit rheinischer Fröhlichkeit. Das hängt u.a. damit zusammen, dass die Grenzlinie zwischen dem Bergischen Land und dem Rheinland direkt durch das Haus verläuft.

Elberfelder Straße 45, Langenfeld
☎ 0 21 73-9 22 00.

Ü/F: EZ ab DM 165,-, DZ ab DM 250,-

Neben vielen anderen Speisen wird hier auch Bergischer Panhas auf Himmel und Äd mit frischer Milch angeboten.

Bergischer Panhas auf Himmel und Äd

Kartoffeln in Salzwasser kochen und anschließend mit dem Kartoffelstampfer stampfen. Äpfel schälen und mit etwas Zucker kurz anschwenken. Zu den Kartoffeln geben und das Ganze mit Salz und Muskat abschmecken. Das Verhältnis Kartoffel/Äpfel beträgt 3 zu 1.
Anrichten: Den Panhas in 2-3 cm dicke Scheiben schneiden und in Mehl wenden. In Butterschmalz kross braten und mit Himmel und Äd auf dem Teller anrichten.
Dazu schmeckt am besten Rübenkraut, Schwarzbrot mit Butter sowie eine Tasse kalte Milch.

🚗 Von Langenfeld und Solingen über die B 229.
A 3, Abfahrt Solingen/Langenfeld (22)
Richtung Solingen ca. 500 m
Parkplatz: Romantik Hotel Gravenberg

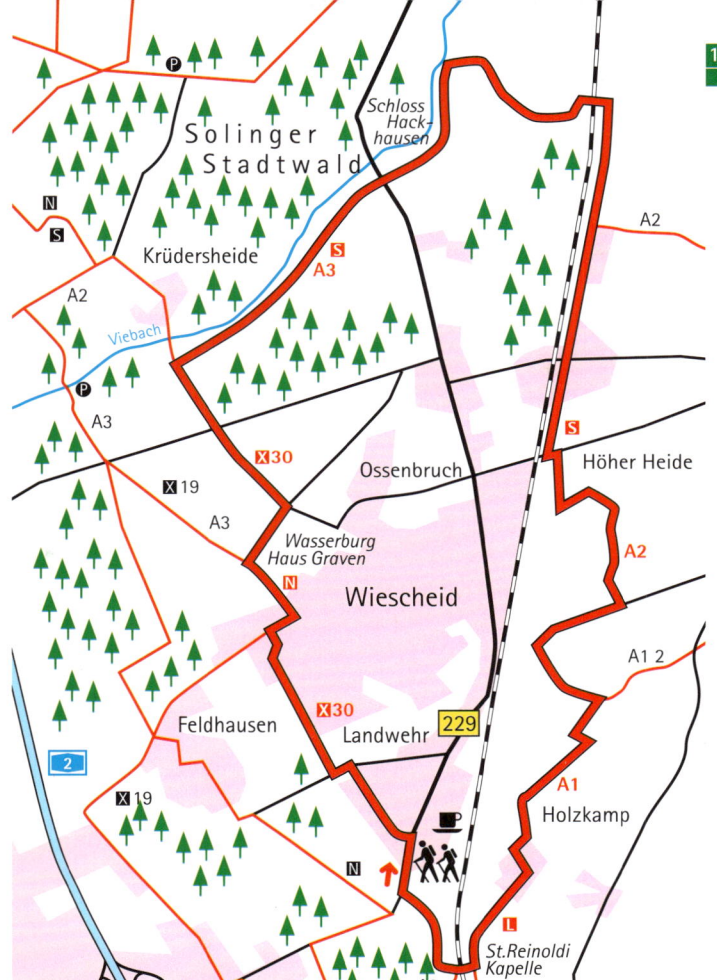

Wir umwandern Wiescheid

Die Wanderung beginnt am Hotel, denn hier ist man sofort auf dem **HWW X 30** des SGV. Die stark befahrene Bundesstraße wird überquert, es geht nach rechts, um nach einigen hundert Metern nach links in die Heidackerstraße einzubiegen. Weiter geht es über die

★ Wasserburg Haus Graven,
St. Reinoldi-Kapelle

🚶 Wanderstrecke: 12 km = ca. 4 Std.
Wanderzeichen: X 30, Ⓢ

20. Wir umwandern Wiescheid

Wasserburg Haus Graven
Die Burg gelangte von den Rittern „vamme Graven" durch mehrere Erbfolgen in den Besitz des Geschlechtes Velbrück. Hier an der Wasserburg – auch an allen anderen Baudenkmälern im Gebiet der Stadt Langenfeld – hat der Langenfelder Verschönerungsverein Informationstafeln angebracht. Heute beherbergt die Wasserburg die sehr exklusive und exquisite Galerie Kröner. ●

Kirschbaum- und Parkstraße. An der Parkstraße passiert man die Gemeinschaftsgrundschule für diesen Stadtteil, folgt dem **X 30** und kommt zur wunderschönen Wasserburg Haus Graven.

Beim Überqueren der Kirchstraße war rechts die 1890 erbaute Kirche St. Maria Rosenkranzkönigin zu sehen.

Wir biegen nach rechts in die Straße Schwanenfeld ein und stehen bald am Flugplatz der Luftsportgruppe Erbslöh e.V., die in jedem Jahr ein im weiten Umkreis viel beachtetes Flugplatzfest feiert.

Die Haus-Gravener-Straße wird überquert, und hinter dem rechts errichteten Parkplatz geht es nach rechts weiter zur Hofschaft Krüdersheide. Dabei trifft man auf den Solinger Klingenpfad, der mit einem Ⓢ markiert ist. Diesem Wanderzeichen muss nun einige Zeit gefolgt werden. Am Rande der Hofschaft fließt der Viehbach, der in der

Stadtmitte Solingens entspringt und später als Rietherbach dem Urdenbacher Altrheingebiet zustrebt. Am Bachrand entlang wird der Hackhauser Hof, eine Freizeit- und Bildungseinrichtung der evangelischen Kirche, erreicht und nach dem Überqueren der Bonner Straße Schloss Hackhausen.

Schloss Hackhausen
Bis zum Jahre 1808 wohnten hier die Bürgermeister der „Herrschaft Richrath", so jedenfalls war die Gegend unter der Bergischen Ämterverfassung benannt. 1808 wurde mit der französisch-kaiserlichen Verwaltungs-Ordnung eine Neuregelung geschaffen. Die Bürgermeister hatten ihren Sitz von nun an in Langenfeld. ●

20. Wir umwandern Wiescheid

Der Wanderweg führt am Schloss vorbei in einen Waldstreifen und bald an den Rand des Solinger Stadtteiles Ohligs am Buchweizenberg und Buschekesselweg. An der Bahnlinie Solingen-Ohligs-Köln entlang geht's nach rechts weiter. Dabei kommt man am Pohlighof vorbei, kreuzt die Nußbaumstraße und die Straße Höher Heide und erreicht das mitten im Wald gelegene ehemalige Freibad Aufderhöhe. Nun muss eine leichte Steigung gemeistert werden, um an die B 229, die Landwehrstraße zu kommen. Weiter geht es nach rechts.

Vor der Bahnunterführung, an der sich von 1894 bis 1962 der Haltepunkt Landwehr der Eisenbahn befand, biegt man nach links ab, zunächst über die Wipperauer Straße, dann über den Holzkamper Weg. Es geht am Bahndamm entlang zur Hofschaft Rupelrath. Vom Holzkamper Weg führt die Wanderung nach rechts über die Straße Rupelrath zur evangelischen St. Reinoldi- Kapelle.

St. Reinoldi-Kapelle
Über die Erbauer und die genauen Baudaten ist wenig bekannt. Manche sehen den Ursprung des Gotteshauses in der Sagenwelt, manche in handfesten geschichtlichen Ereignissen. Fest steht, dass die Kapelle bereits 1363 bestand, sie zunächst zur Pfarre St. Martin zu Richrath, später dann zur Pfarre in Solingen gehörte. Dass eine evangelische Kirche St. Reinoldi heißt, liegt daran, dass die Menschen im Bergischen nicht so schnell von althergebrachten Dingen abrücken. Über Reformation und Gegenreformation hinweg, durch die Wirren der Zeit ist der Name dieser schönen Kapelle erhalten worden. ●

Nach einem eventuellen Besuch der Kapelle unterquert man die Bahnlinie und wandert sofort nach rechts. Nun muss nur noch am Sportplatz Landwehr entlang gewandert werden und kommt zum Hotel.

Durch die Sandberge

Aus dem Hotel kommend nach links wandern und zwar einige hundert Meter bis zum Hinweis zur Gedenkstätte Wenzelnberg. Hier dem Wanderzeichen **N** bis zum Mahnmal folgen.

> Gedenkstätte Wenzelnberg: Das Mahnmal erinnert an die schrecklichen Ereignisse, die hier in den letzten Tagen des Zweiten Weltkrieges geschahen. Ein in sich verbrecherisches System hat auch hier sinnlos Leben zerstört. 71 Gefangene der Gestapo und Häftlinge der Strafanstalt Lüttringhausen wurden hier ermordet. Die Inschrift mahnt, dass sich solches nie wiederholen darf.

Bald trifft man das Ⓛ und umwandert den Spürklenberg, einen Berg aus Rheinsand, nähert sich dem Autobahnkreuz Langenfeld und ist bald an der Jugendherberge und dem Naturfreundehaus Leichlingen.

Hier nach links abbiegen, vorbei am Naturfreundehaus und dem **N** bis in die Windgesheide folgen, wo der **HWW X 19** auf den L-Weg trifft. Nach wenigen Minuten wird der Bahnhof Leichlingen erreicht.

Am Bahnhof geht es nach links, dann über den Vorplatz. Dort nach rechts und nun muss die Landwehrstraße überquert werden, um über die Weyermannstraße auf die Straße Am Staderhof zu kommen. Dort kommt man mit dem **HWW X 30** zusammen und folgt diesem Zeichen nach links.

Die Hofschaft Staderhof wird passiert und schon ist man neben der Wupper im Talgrund. Links beginnt der Eicherhofbusch, auf der anderen Wupperseite liegt der Eicherhof und der dazugehörende Park. Am Fluss entlang und zur Linken den eben schon erwähnten Eicherhofbusch, so geht es weiter. Kurz vor dem seit Jahren im Bau befindlichen Müllerhof wird die Wupper verlassen und dem Zeichen nach links gefolgt. Nachdem das Waldstück durchquert ist, muss die Verbindungsstraße von Ziegwebersberg nach Rupelrath gequert werden. Weiter geht es durch den Gravenberger Weg. Es ist nicht weit bis zur Bahnlinie, die von Köln nach Wuppertal führt. Der Wanderweg führt am Fuß des Bahndammes entlang. Noch etwa 500 m, dann ist die Kapelle St. Reinoldi in der Hofschaft Rupelrath erreicht. Unter der Bahnlinie hindurch und sofort nach rechts entlang des Sportplatzes Landwehr und schon ist die Wanderung am Hotel beendet.

★ Gedenkstätte Wenzelnberg

🚶 Wanderstrecke: 10 km = ca. 3 Std.
Wanderzeichen: N, Ⓛ, X 19, X 30

21. Altenberg: Im Tal der Dhünn
Rund um den Backesberg

Hotel „Altenberger Hof"
Das Hotel befindet sich seit Generationen im Familienbesitz. In dem behaglichen Ambiente mit der sprichwörtlich bergischen Gastlichkeit und den vielen Möglichkeiten, die Seele baumeln zu lassen, fühlt sich der Gast wie zu Hause.

Eugen-Heinen-Platz 7, Odenthal
📞 0 21 74-49 70

Ü/F: EZ ab DM 165,-, DZ pro Pers. ab DM 112,-

Unter vielen Gerichten wird im Altenberger Hof ein typisch Bergisches angeboten:

Dicke Bohnen mit Mettwurst (für 6 Personen)
6 Mettwürste, 800 g enthülste Bohnenkerne, 1 Stängel Bohnenkraut, 350 g kleine Zwiebeln oder Schalotten, 3 El. Schmalz, 300 g durchwachsener, geräucherter Speck, 0,5 l Sahne, je 1 TL Salz und Pfeffer.

Die Bohnenkerne mit dem Bohnenkraut in Wasser aufsetzen und 30 Minuten kochen lassen. Danach in einem Sieb abtropfen lassen und das Kraut entfernen.
Zwiebeln in heißem Schmalz goldgelb dünsten. Den Speck in feine Streifen schneiden, mit den Bohnen und Zwiebeln in eine Auflaufform schichten. Sahne mit Salz und Pfeffer verquirlen und über das Gemüse geben. Bei 175 Grad im Backofen 30 Minuten garen.
Serviert wird das Ganze mit Mettwurst und Kartoffeln.

🚗 Von Dabringhausen und Leverkusen über die L 101, von der B 51 in Richtung Blecher/Altenberg abbiegen.
Parkplatz: Hotel Altenberger Hof

🚌 Von Leverkusen-Mitte mit Linie 212, von Bergisch-Gladbach mit Linien 430, 432, 433 und 434
Haltestelle: Altenberg

Im Tal der Dhünn

Der Wanderweg beginnt unmittelbar vor dem Hotel. Es geht nach links zur Straße, die Altenberg mit Dabringhausen (L 101) verbindet, vorbei am Theodor-Heuss-Pädchen bis zum Schöllershof. Die Dhünn wird in unmittelbarer Nähe der Einmündung des Eifgenbaches überquert. Am Parkplatz Schöllershof wird die Straße verlassen; nach rechts geht es weiter. Bis hier waren die örtlichen Wanderzeichen **A 5** und **8** maßgebend, nun gelten **> 8** und das **N**. Das Dhünntal wird von hier aus in seinem unteren Abschnitt durchwandert. Stetig geht es aufwärts, immer begleitet von dem Rauschen oder Plätschern des Baches. Vorbei führt der Weg an der Aue und am weiter oben gelegenen Forsthaus Aue. Unterhalb von Haus Haniel steht eine Schutzhütte am Wegesrand, die zur Rast einlädt. Unterhalb von Gut Steinhausen führt der Weg entlang, dann verschwenkt **> 8** nach links aufwärts. Der **N**-Weg führt ebenfalls weiter aufwärts und verlässt das Tal der Dhünn unterhalb der Hofschaft Loosenau nach rechts. Beim Überqueren der Dhünn wird der Blick frei auf den gewaltigen Staudamm und das da-

Wanderstrecke: 13 km = ca. 4 Std.
Wanderzeichen: A 5, > 8, N, A 1, A 2, A 8

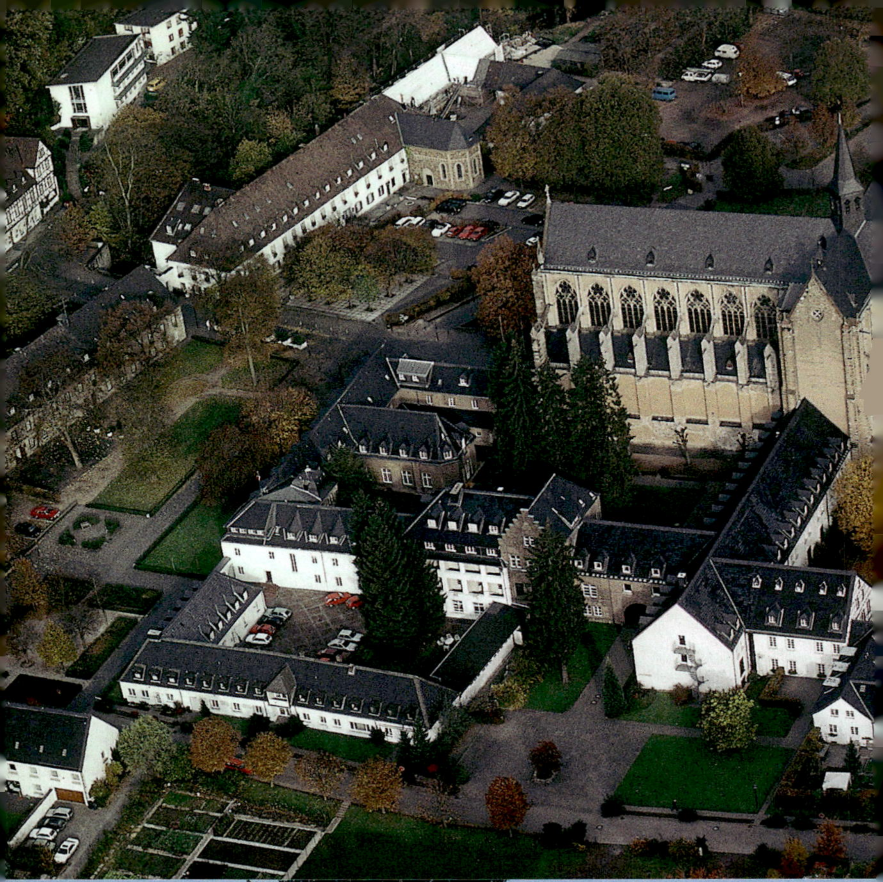

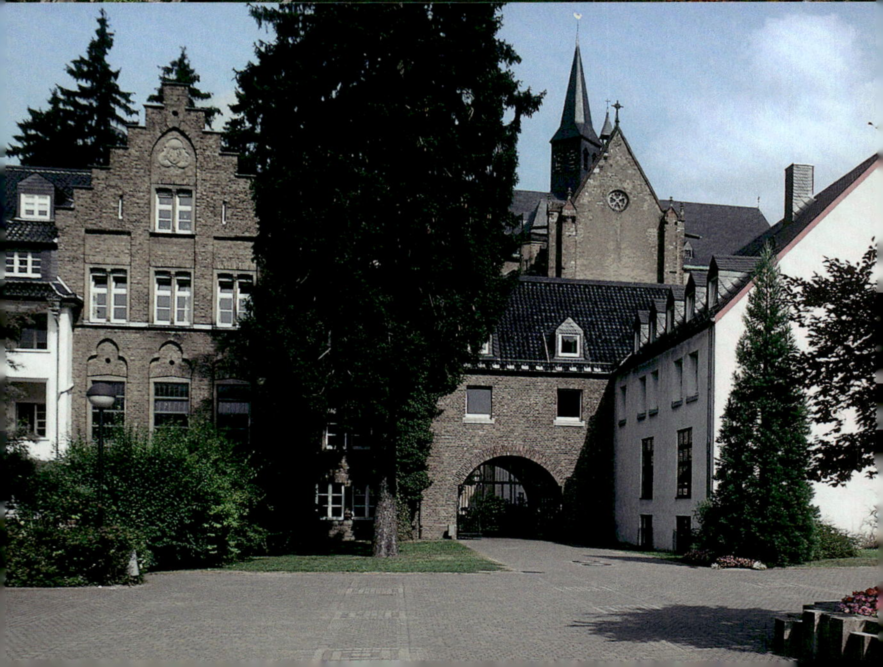

20. Im Tal der Dhünn

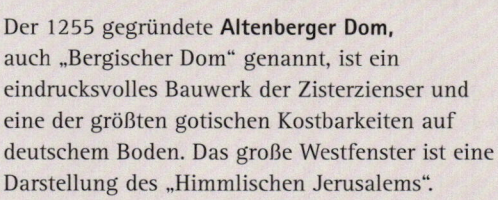

Der 1255 gegründete **Altenberger Dom,** auch „Bergischer Dom" genannt, ist ein eindrucksvolles Bauwerk der Zisterzienser und eine der größten gotischen Kostbarkeiten auf deutschem Boden. Das große Westfenster ist eine Darstellung des „Himmlischen Jerusalems".

Wer die Ruhe und die Stille des Klosterbezirks erleben und genießen will, sollte die frühen Morgenstunden für einen Rundgang nutzen. ●

20. Im Tal der Dhünn

vor liegende Tosbecken mit den entsprechenden Bauten. In einem Seitental geht es weiter bergauf, ebenfalls von einem kleinen Bach begleitet. Etwa 350 m hinter einer Schutzhütte in der Nähe der Blömericher Mühle, muss der **N**-Weg nach rechts verlassen werden. Nun weist das Wanderzeichen **A 1** den Weg. Allerdings nicht weit, denn kurz vor dem Wanderparkplatz Hüttchen trifft man auf den **A 2**, folgt diesem nach links bis zum **A 8**, um dann auf diesem nach rechts weiter zu wandern. Die Hofschaft Hüttchen ist schnell durchgangen und weiter geht es ein kurzes Stück entlang der Landstraße 310 bis zum Beginn des Ortes Grimberg. Hier zeigt **A 8** nach rechts: zunächst über freies Feld, dann ist man wieder im Wald. Recht steil geht es zunächst nach unten, dann weiter durch ein kleines Bachtal. Direkt neben der Brücke über die Dhünn kommt man wieder auf die Straße, wandert nach links, betritt den Klosterbezirk – die Mauer, die an dieser Stelle durchschritten wird, entstand im 13. Jahrhundert – und ist wieder am Hotel.

Zu empfehlen ist ein Besuch des **Märchenwaldes**.
In diesem ganzjährig geöffneten Park (täglich von 9-19 Uhr) sind 21 verschiedene Märchengruppen der Gebrüder Grimm zu sehen, Café-Restaurant und Wasserspiele.
● „Deutscher Märchenwald", Märchenwaldstraße 15, Odenthal, Tel. 0 21 74-4 04 54.

Rund um den Backesberg

Auch dieser Wanderweg beginnt unmittelbar am Hotel. Man wandert über das Theodor-Heuss-Pädchen bis zur L 101, überquert diese und geht in die L 310 hinein. Nur ein leichter Aufstieg muss bewältigt werden, dann wird die Straße nach rechts verlassen. Links bleiben ein Parkplatz und einige Fischteiche zurück. Durch das Pfengstbachtal geht es weiter aufwärts. Das Wanderzeichen **A 10** markiert einen kleinen Rundweg innerhalb der zu durchwandernden Waldung. Von links kommt der örtliche Wanderweg **A 7** auf den **HWW X 30**, dann wird eine Schutzhütte erreicht. Unaufhörlich geht es weiter aufwärts, immer noch entlang des Pfengstbaches. Rechts oberhalb des Weges liegt die Hofschaft Winkelhausen, links die Hofschaft Unterbreidbach. Hier wird das Pfengstbachtal verlassen. Der Anstieg ist jedoch noch nicht zu Ende, etwa 500 m sind es noch bis zur Kreisstraße 26 in Scheuren. Nach rechts weist das **X 30**, bald jedoch nach links. Fast 220 m Höhe sind hier erreicht, nun kann man durchatmen. Wer will, der kann einkehren.

Das örtliche Wanderzeichen **A 7** dient nun der Orientierung und führt aus dem Ort hinaus, entlang der Kreisstraße. Bald jedoch, in der Nähe des Wildparkes, trifft man auf die Markierung **> 8** des Kölner Eifelvereins. Durch Wald und über freies Feld führt der Weg abwärts entlang des rechts liegenden Backesberges. Sehr schnell ist die Hofschaft Bülsberg erreicht, an deren Ortseingang das Wanderzeichen nach rechts weist. Weiter geht es abwärts über freies Feld und durch ein kleineres Waldstück. Schon kann man auf Altenberg hinunterblicken und nach einer Rechtskehre sind die Fischteiche unterhalb des Parkplatzes neben der L 310 erreicht. Nun muss nur noch dem **HWW X 30** nach links gefolgt werden, um nach kurzer Zeit diese Wanderung vor dem Hotel zu beenden.

In Scheuren

Wanderstrecke: 11 km = ca. 4 Std.
Wanderzeichen: X 30, A 2, > 8/A 7

Sehenswürdigkeiten

Altenberger Dom 121
Friedenskapelle Voßhagen 21
Gedenkstätte Wenzelnberg 117
Gruiten 94
Haus am Dingblech 65
Haus Vorst 64
Klosterkirche St. Maria Magdalena 32
Märchenwald 122
Russischer Ehrenfriedhof 21
Schloss Gimborn 15
Schloss Hackhausen 115
Schloss Hückeswagen 17
Schöller 97
St. Reinoldi Kapelle 116
Steffenshammer 57
Tölleturm 36
Wasserburg Haus Graven 114
Wipperkotten 51

Museen

Bergisches Straßenbahn-Museum 40
Deutsches Klingenmuseum 45
Deutsches Werkzeugmuseum 58
Museum Baden 48
Deutsches Röntgen-Museum 58

Hotels/Restaurants und sonstige Einkehrmöglichkeiten

Hotel „Altenberger Hof" 118
Café „Zur Post" 18
Coenenmühle 27
Gasthaus „Rüdenstein" 52
Gaststätte „Haasenmühle" 52
Gaststätte „Im Kühlen Grunde" 93
Gaststätte „Wipperaue" 52
Gaststätte „Zur Neyetalsperre" 73
Gaststätte „Zur Wupperquelle" 10
Haus Rüden 52
Historisches Gasthaus & Hotel
„Haus In der Straßen" 100
Hotel „Haus Poock" 92
Hotel „Zu den drei Linden" 76
Hotel-Restaurant „Alte Mühle" 70
Hotel-Restaurant „Zur Post" 48/49
Landgasthaus „Friedrichsaue" 52
Landgasthof „Auf dem Brink" 84
Landgasthof „Heidersteg" 22
Naturfreundehaus 64
Pfannkuchenhaus 45
Rausmühle 25
Restaurant „Zillertal" 57
Restaurant „Zur alten Bergbahn" 37
Romantik Hotel Gravenberg 112
Spreeler Mühle 35
Wietsche Mühle 64

Rezepte von Bergischen Spezialitäten

Bergische Kaffeetafel 49
Dicke Bohnen mit Mettwurst 118
Kartoffelsuppe 100
Kottenbutter 52
Panhas auf Himmel und Äd 112
Pillekoken 92

Quellenverzeichnis

- Veröffentlichungen der Stadtverwaltungen Leichlingen, Burscheid, Wermelskirchen, Hückeswagen, Radevormwald und des Wupperverbandes,
- „Kulturlandschaftlicher Wanderführer" Hückeswagen", Rheinland-Verlag, Köln.
- Hermann und Maria Wollschläger, „Burgen und Schlösser im Bergischen Land", Wienand Verlag, Köln.
- Bernd Fischer, DuMont Kunst-Reiseführer „Das Bergische Land", DuMont Buchverlag Köln
- Dieter Wiethege, Talsperren im Sauerland und Bergischen Land, Meinerzhagener Druck- und Verlagshaus Walther Kämper GmbH & Co. KG.

Bildnachweis

Alle Fotos von Marie Luise Oertel mit Ausnahme von: S. 23, 45 (rechts oben), 47, 49, 55, 80, 107, 109, 110/111 (Michael Lübke). Die übrigen Abbildungen: elektraVision AG
Kartenskizzen: Karlwerner Reiß

INFO Die Beschreibung der Wanderwege, Nennung der Wanderzeichen und die Erstellung der Kartenskizzen erfolgten mit größter Genauigkeit. Die geschichtlichen Daten und Fakten sind mit Sorgfalt recherchiert. Öffnungszeiten und Preise werden aber häufig verändert. Sie wurden nach dem Stand Dezember 2000 übernommen und auf Euro-Angaben verzichtet. Sollten Angaben falsch sein, bedauern wir das und wären dankbar für eine Mitteilung. Autor und Verlag können weder Gewähr noch Haftung übernehmen.

Über den Autor: Günter Hammermann, Jg. 1933, war über 40 Jahre im öffentlichen Dienst, zuletzt Leiter der Schutzpolizei im Kreis Mettmann. Verfasser der Wanderbücher „Wanderungen im Kreis Mettmann" (1994), „Wanderungen rund um Duisburg, Essen und Mülheim/Ruhr (1996), „Wanderungen am Linken Niederrhein" (1997) und „Wanderungen zwischen Rhein und Wupper" (1998), sämtlich im Droste Verlag erschienen.

Über die Fotografin: Marie Luise Oertel, seit 1970 selbständige Fotografin, berufenes Mitglied der DGPh und Ehrenmitglied der Hon.ÖGPh und 5-star exhibitor der Photographic Society of America, veröffentlichte zahlreiche Bildbände. Sie lebt und arbeitet im Bergischen Land.

Wälder, Talsperren und Bergische Gastlichkeit

Ausgesuchte Rundwanderungen und Wochenendtouren, Rückblicke auf geschichtliche Ereignisse, Hinweise auf Sehenswürdigkeiten und Tipps zu Einkehrmöglichkeiten machen Lust, das Bergische Land zu erleben und zu erwandern. •

Droste • Regional

ISBN 3-7700-1138-4